株トレード カラ売りのすごコツ80

二階堂重人
SHIGETO NIKAIDOU

すばる舎

はじめに

本書は、カラ売り（信用新規売り建て）で儲けるコツをまとめたものです。私が20年以上のトレード経験で得たコツをまとめています。

もう20年以上前の話ですが、トレードの本で「信用売りなら株価の下げでも儲けられる」と知りました。

そのときは、「こんな取引があるのか」と驚きました。

そして、ものすごい可能性を感じました。

なぜなら、買いで大きく損をしたことがあるからです。

高値をつかんでしまい、大きな損を出したことがありました。

そのため、「カラ売りなら大きく儲けられる」「買いで損をしたタイミングで売れば、簡単に儲けられる」と思ったわけです。

しかし、実際にやってみると、簡単には儲けられませんでした。

当然、リスクもあります。

また、銘柄の制限もあるので、なかなか思うようにも儲けられませんでした。

それでも、経験を積み重ねることで「儲けるコツ」がわかってきて、コンスタントに稼げるようになりました。


トレーダーや投資家の中にはカラ売りを嫌う人もいますが、カラ売りも選択肢の1つにできれば、「儲けられるチャンス」が増えます。

「カラ売りを始めてみよう」という方は、ぜひ、本書をきっかけに始めてみてください。

また、すでにカラ売りをしている方は、さらに稼げるようになってください。

二階堂重人

目次

第3章 状況分析編

すごコツ

第4章 情報活用編

第5章 売買タイミング編

すごコツ

すごコツ

第6章 リスク管理編

すごコツ

第7章 スキルアップ編

第1章

信用取引システム編

すごコツ 01

一般信用を積極的に利用する

信用取引には、「制度信用」と「一般信用」があります。

制度信用とは、証券取引所が制定している「制度信用銘柄選定基準」を満たした銘柄を対象とした信用取引のことです。返済期限は最長6ヵ月で、品貸料（株式が不足した際、買い方が売り方に支払う調達費用）が取引所の規則で決められています。

一般信用とは、金利、貸株料および返済期限などを証券会社が顧客との合意に基づき、自由に決められる信用取引のことです。返済期限は証券会社によって異なります。

どちらを利用してもかまいません。自分にとって有利な条件のほうを利用しましょう。

私は状況によって使い分けています。

◆一般信用を利用すればカラ売りの対象銘柄が増える

以前は、「この銘柄をカラ売りしたい」と思っても、制度信用の貸借銘柄になっていないため、カラ売りができないことがよくありました。

しかし、現在では、一般信用でカラ売りできることがあります。一般信用を利用することで、カラ売りの対象銘柄が増えるわけです。

一般信用も積極的に利用しましょう。

ポイント

信用取引には「制度信用」と「一般信用」がある。

制度信用でカラ売りできない銘柄も、一般信用ならカラ売りできる場合がある。

すごコツ 02

1日信用取引を利用する

デイトレの場合は「1日信用取引」も利用しましょう。

1日信用取引とは、松井証券が導入している「返済期限が当日のデイトレ専用信用取引」のことです。

主なメリットは以下の3つです。

①手数料なし（デイトレの場合）
②金利・貸株料が0％（デイトレ買いの場合）
③「プレミアム空売り」ができる

手数料なし、金利・貸株料が0％なので、売買にかかるコストを最小限に抑えることができます。

また、「プレミアム空売り」ができます。制度信用取引・一般信用取引ではカラ売りできない銘柄もカラ売りできます。ただし、プレミアム空売りは貸株料に加えて、プレミアム空売り料がかかるので注意してください。

デメリットとしては、返済期限を延ばせないことです。基本的には、ポジションを建てた当日かぎりの取引です。返済期限を自由に変えることはできません。当日の大引けまでに決済しなかった場合、翌取引日の寄り付きで強制決済されます。その際に、1注文あたり３２５０円（税込３５７５円）の手数料がかかります（※２０２３年11月現在）。

こういったデメリットはありますが、メリットのほうが大きいので、利用しましょう。

松井証券以外にも同じような取引があります。

ＳＢＩ証券……日計り信用

楽天証券……いちにち信用

条件次第ではこちらも利用しましょう。

ポイント

「1日信用取引」を利用すれば、売買にかかるコストを抑えることができる。「プレミアム空売り」なら、制度信用取引・一般信用取引でカラ売りできない銘柄もカラ売りできる。

すごコツ 03

1日信用の貸株コストを必ず確認する

1日信用でのカラ売りは証券会社によって異なる「利用料」がかかります。

松井証券であれば、「プレミアム料」という形で料金がかかります。

たとえば、「プレミアム料が1株あたり2円」であれば、1000株カラ売りすれば2000円、1万株カラ売りすれば2万円のプレミアム料がかかります。

これは売買のコストになるわけです。

「プレミアム料が1株あたり2円」であれば、株価が建値から2円下がってプラスマイナス0です。建値から2・1円以上下がらないと利益が出ません。スキャルピングで1円抜きをしても利益が出ないどころか、損失が出てしまいます。

そのため、プレミアム料も考慮して、利益が出せそうかどうかを見極めなくてはなりません。

初心者の方はこのあたりを注意してください。

通常、プレミアム料はそれほど高い金額ではありません。

しかし、稀にとんでもない金額になっていることがあります。

松井証券ではそれほど高い金額になることはほとんどありませんが、他の証券会社ではかなりの金額になって、トレーダーの間で話題になったことがありました。

ですから、注文を出す前に金額をしっかり確認しましょう。

私は一度だけ、5円くらいの値幅を取るつもりで入ったのに、プレミアム料が3・5円だった、ということがありました。プレミアム料は1円くらいだろう、と思っていました。割に合わないトレードをしたことがありました。

ポイント

1日信用でのカラ売りは証券会社によって異なる「利用料」がかかる。カラ売りを仕掛ける前に、利用料も考慮して利益が出せそうかどうかを見極める。

すごコツ 04

1日信用の売りポジションを確保しておく

先にも述べた通り、制度信用や一般信用でカラ売りできない銘柄でも、1日信用ならカラ売りできることがあります。

カラ売りで利益を得られるチャンスを逃さないためにも、1日信用を利用しましょう。

ただ、1日信用で取り扱われている銘柄なら希望するときに必ず取引ができるというわけではありません。取引ができないこともあります。

なぜなら、株数にかぎりがあるからです。

「この銘柄をカラ売りしたいな。1日信用で取り扱われている銘柄だ。仕掛けよう」と思って注文を出そうとしたら、「品切れ」になっていることがよくあります。

下がる株価をただ見ているだけになってしまいます。

そうならないためにも、カラ売りを仕掛けるタイミングがありそうな銘柄は、なくならないうちに確保しておきましょう。

在庫を確保する方法はいくつかあります。

高い値段に指値を出しておく方法が最も簡単です。現在の株価よりもかなり高い値段に指値注文を出しておきます。そして、カラ売りを仕掛けるときに指値を下げます。

ポイント

カラ売りを狙っている銘柄は1日信用の売りの在庫を確保しておく。

すごコツ
05

1日信用で始値から終値までの値幅を狙う

「スイングトレードでカラ売りを仕掛けたいが、制度信用も一般信用もできないから諦める」このような経験がある方もいることでしょう。

私もこのような経験があります。

しかし、諦めるのはまだ早いです。

制度信用も一般信用もできない銘柄でも、1日信用ならカラ売りできる場合があります。

もちろん、1日信用なので数日間、数週間にわたってカラ売りを仕掛けることはできません。1日だけです。

株価が崩れた銘柄や下降トレンドになった銘柄は、日足で陰線になることが多いです。この「日足の陰線」を1日信用で狙います。

たとえば、始値から終値までの値幅を狙います。日足が陰線になれば、始値から終値までの値幅分を利益として得られるわけです。

チャンスがあれば狙ってみましょう。

ポイント

日足が陰線になりやすい状況で、1日信用を使って始値から終値までの値幅を狙う。

第2章

トレード基本編

すごコツ 06
なるべく順張りで入る

「順張りと逆張りとでは、どちらがよいのか」

このテーマについて、SNS上で議論されていることがあります。

私自身、以前は「逆張りはしないほうがいい」という考えでしたが、現在では「どちらでもよい」という考えです。順張りでも逆張りでも儲けられればよいので、どちらでもかまわないわけです。

ただ、カラ売りについては、なるべく順張りのほうがいいでしょう。

株価が上昇しているときに仕掛けると、踏み上げられる可能性が高くなります。

とくに、板が薄い銘柄、時価総額が小さい銘柄、仕手株などは踏み上げられると、かなり大きく上がってしまうことがあるので、逆張りで入らないほうがいいでしょう。

ポイント

株価が上昇しているときに仕掛けると、踏み上げられる可能性が高くなるので、カラ売りは株価が下落しているときに順張りで入る。

すごコツ 07

全体の動きに合わせながらトレードする

カラ売りにかぎらず、トレードでは全体の動きに合わせることが大切です。全体の動きを捉え、それに合わせながらトレードします。

全体が上昇していればカラ売りを控える。できれば、買いで入る。

全体が下落していれば買いを控える。できれば、カラ売りで入る。

全体が動いていなければ、無理に入らない。

全体の動きは主要な株価指数で捉えます。

日経平均株価

日経先物

TOPIX

東証グロースコア指数

東証グロース市場250指数(旧:東証マザーズ指数)

などの株価指数を使っている人が多いでしょう。
私の場合は日経平均株価、日経先物、東証グロース市場250指数を使っています。
これらの指数のチャートを使って全体の動きを捉えています。

ポイント

全体が上昇していればカラ売りを控える。できれば、買いで入る。
全体が下落していれば買いを控える。できれば、カラ売りで入る。
全体が動いていなければ、無理に入らない。

すごコツ

08 株価が反応しやすい移動平均線を表示させる

使っている時間軸のチャートで、株価がどのようなトレンドになっているかを把握することはとても大切です。

トレンドを把握する方法はいくつかあるのですが、最も簡単なのは移動平均線を使った方法です。

チャートに複数の移動平均線を表示します。

私の場合は以下の通りです。

1分足チャート
30本移動平均線
60移動平均線
5分足チャート
12本移動平均線

24本移動平均線
日足チャート
5日移動平均線
25日移動平均線
13週移動平均線
26週移動平均線
週足チャート

日足チャートや週足チャートでは、これらの移動平均線を表示している方が多いと思います。

1分足チャートと5分足チャートは、トレーダーによってかなり違うと思います。

私は、様々な期間の移動平均線を表示させて、「どの期間の移動平均線に株価がよく反応するのか」ということを調べました。

その結果、これらの期間の移動平均線を使っています。

ポイント

株価が反応しやすい移動平均線を複数表示させる。

すごコツ 09

上位足チャートで株価の状況を把握する

カラ売りにかぎらず、トレードをするときには、上位足チャートで株価の状況を把握しています。

上位足チャートとは、使っているチャートに対して、より時間軸が長い足のチャートのことです。

1分足チャートを使っている場合

5分足チャートや日足チャートが上位足チャートになる。

5分足チャートを使っている場合

日足チャートが上位足チャートになる。

日足チャートを使っている場合

週足チャートが上位足チャートになる。

私の場合、デイトレがメインなので、「5分足チャートで状況を確認しながら、1分足チャートで入るタイミングを見極める」「日足チャートや5分足チャートで状況を確認しながら、1分足チャートで入るタイミングを見極める」といったトレードをしています。

ポイント

使っているチャートに対して、より時間軸が長い足のチャートで株価の状況を把握する。

すごコツ 10

チャートで「株価の波」を捉えてトレードする

「株価の波形」を意識すると、トレードがしやすくなります。

株価には波があります。安値⇒次の高値⇒次の安値……というように安値と高値を線で結んでいきます。その線が「株価の波」になるわけです。

「上昇の波」と「下降の波」、それから「波がない」という状況もあります。

波があるのかないのか、あるとすれば、上昇の波なのか下降の波なのか。

これらを見極めてトレードします。

勿論、トレードするのは波があるときだけです。波がないとき、波がよくわからないときはトレードをしないこと。

これはカラ売りだけにいえることではなく、買いにもいえることです。

波線を引くにはコツがいります。

波線を引いたことがある方ならわかると思いますが、株価の細かな動きを捉えて線を引いていくと、上昇の波と下降の波が頻繁に現れて、かえってトレンドがわからなくなってしまいます。

そうならないためには、株価の細かな動きは無視すること。

どのくらい細かな動きは無視するのか、というのは経験を積んでいかないとなかなかわかりません。

そのときのボラティリティの大きさによって変わってくるからです。

これは練習を積んでいけば、わかるようになります。

まずは、数多くのチャートに波線を引いて練習しましょう。

ポイント

トレードするのは波があるときだけです。

波がないとき、波がよくわからないときはトレードをしないこと。

第3章

状況分析編

すごコツ

11

5分足チャートのパッと見で下落傾向かどうかを見極める

カラ売りで入る場合、下落傾向になっている銘柄のほうがいいです。

デイトレではなるべく、下落傾向になっている銘柄を見つけ、「その下落に乗る」というスタンスのほうがトレードをしやすく、上手くいったときに大きな利益を得られます。

「下落傾向かどうか」を見極める方法はいろいろあると思います。

デイトレの場合、ザラ場では1銘柄にじっくり時間をかけて見極めるということが難しいです。

時間をかけている間に株価が大きく上がってしまい、儲けるチャンスを逃してしまうことも考えられます。

また、ほかの銘柄も分析しなければなりません。

そのため、パッと見で見極めることが必要です。

そこで、私が使っている方法を紹介します。

使うチャートは5分足チャートです。以下の移動平均線を表示させます。

12本移動平均線
24本移動平均線

下落傾向の条件は以下の３つです。

条件①……24本移動平均線が下向き
条件②……12本移動平均線が24本移動平均線の下にある
条件③……24本移動平均線がほぼ直線になっている

３つの条件すべてに該当していれば、「下落傾向」だといえます。

最も重要なのは「24本移動平均線の向き」です。下向きになっていること。できれば、角度が急こう配になっているほうがいいです。

次に重要なのは、「12本移動平均線と24本移動平均線の並び」です。

12本移動平均線が24本移動平均線の下にあること。

この並びから、短期的にも下落傾向であることがわかります。

あと、「24本移動平均線がほぼ直線になっている」ということも重要です。ほぼ直線になっていることで、「安定した下落傾向が続いている」ということがわかります。

では、実際のチャートを使って説明しましょう。

下落傾向の条件

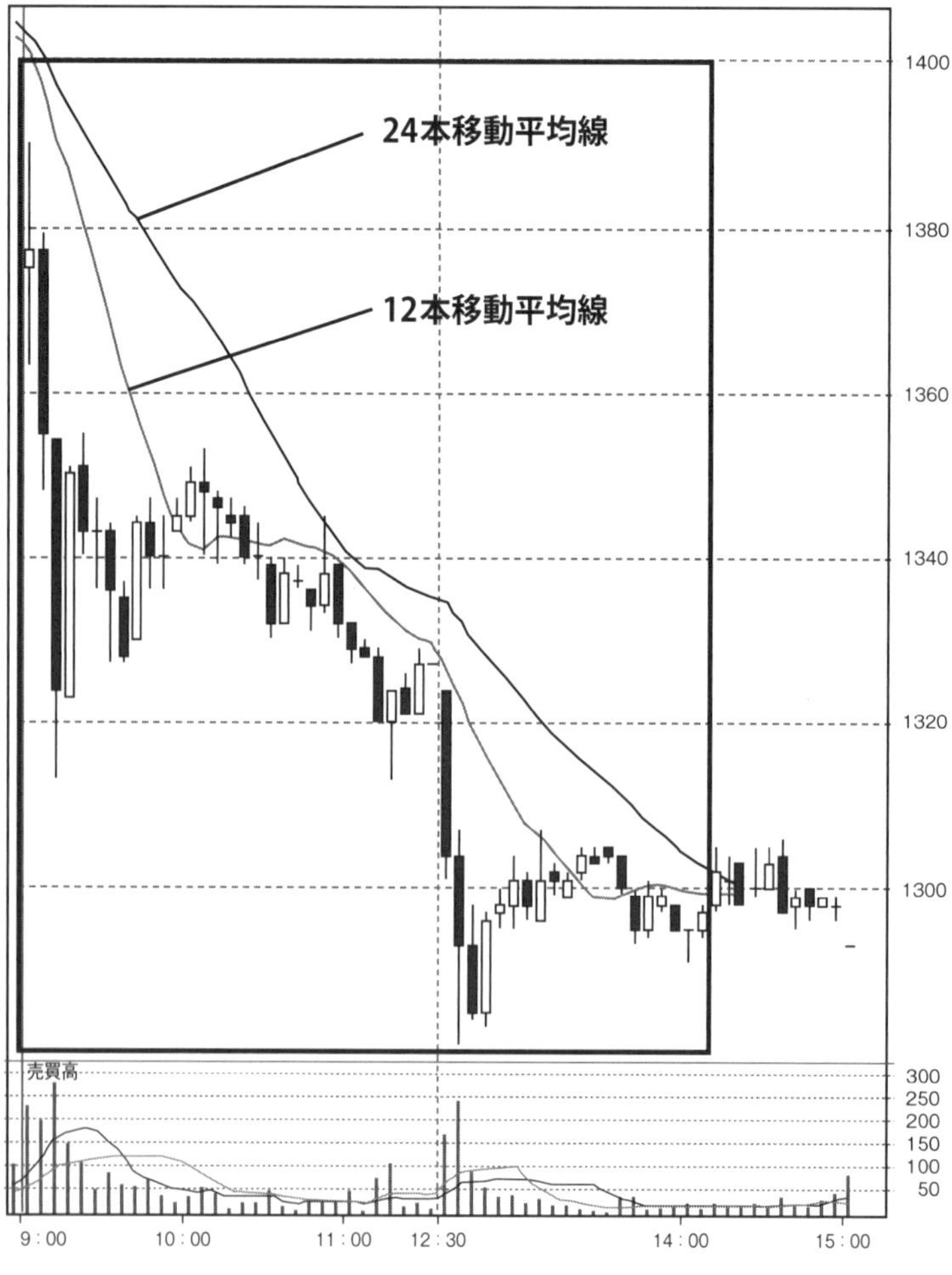

24本移動平均線
12本移動平均線
1400
1380
1360
1340
1320
1300
売買高
300
250
200
150
100
50
9：00
10：00
11：00
12：30
14：00
15：00

右ページのチャートは5分足チャートです。

四角で囲ったところを見てください。

24本移動平均線は下向きになっています。条件①に該当しています。

12本移動平均線は24本移動平均線の下にあります。条件②に該当しています。

24本移動平均線はほぼ直線になっています。条件③に該当しています。

3つすべての条件に該当しているので、四角で囲ったところは「下落傾向」と判断できます。

このように、パッと見で下落傾向かどうかを見極めましょう。

ポイント

5分足チャートでの下落傾向の条件は以下の3つ。
条件①……24本移動平均線が下向き
条件②……12本移動平均線が24本移動平均線の下にある
条件③……24本移動平均線がほぼ直線になっている

すごコツ 12

5日移動平均線で下落傾向を見極める

37ページで「下落傾向の見極め方」を紹介しました。株価の傾向を見極める方法はほかにもあります。

私自身、5日移動平均線による見極め方もよく使います。

上昇傾向の条件

①日足が5日移動平均線の上で推移している

②日足が前日の高値と安値を切り上げている

この2つの条件に該当していれば、「日足ベースでは短期的に上昇傾向である」と捉えていいでしょう。

下落傾向の条件

①日足が5日移動平均線の下で推移している

②日足が前日の高値と安値を切り下げている

逆にこの2つの条件に該当していれば、「日足ベースでは短期的に下落傾向である」と捉えていいでしょう。

買いで入る場合は上昇傾向になっているとき、カラ売りで入る場合は下落傾向になっているときがいいでしょう。

ポイント

「日足が5日移動平均線の下で推移している」「日足が前日の高値と安値を切り下げている」という状況であれば、「日足ベースでは短期的に下落傾向である」と捉えてよい。

すごコツ 13

全体の動きも5日移動平均線を使って見極める

特定の銘柄の株価ではなく、市場全体の動きを把握するときも、ここまでに紹介した方法を使います。40ページで紹介した「5日移動平均線」を使った方法もその1つです。

私の場合、日経平均株価と東証グロース市場250指数で分析することが多いです。

日経平均株価やマザーズ指数が「下落傾向の条件」の2つに該当している状況でカラ売りを狙います。

下落傾向の条件

①日足が5日移動平均線の下で推移している

②日足が前日の高値と安値を切り下げている

デイトレで狙うことが多いです。

「下落傾向の条件」に該当している状況で、株価が下がりそうな銘柄を探し、5分足チャートや1分足チャートでタイミングを見極めてカラ売りを仕掛けます。

デイトレだけでなく、スイングやオーバーナイトで狙うこともあります。

ポイント

日経平均株価や東証グロース市場250指数が5日移動平均線で「下落傾向の条件」に該当している状況で、株価が下がりそうな銘柄を探し、5分足チャートや1分足チャートでタイミングを見極めてカラ売りを仕掛ける。

すごコツ 14

全体の動きを5分足チャートのパッと見で見極める

37ページで紹介した「5分足チャートのパッと見で株価の状況を分析する方法」も、全体の動きを捉える方法の1つとして使えます。

5日移動平均線を使った方法と同じように、日経平均株価と東証グロース市場250指数で分析することが多いです。

日経平均株価や東証グロース市場250指数が「下落傾向の条件」の3つに該当している状況で、カラ売りを狙います。

下落傾向の条件

条件①……24本移動平均線が下向き

条件②……12本移動平均線が24本移動平均線の下にある

条件③……24本移動平均線がほぼ直線になっている

デイトレで狙います。

「下落傾向の条件」に該当している状況で、株価が下がりそうな銘柄を探し、5分足チャートや1分足チャートでタイミングを見極めてカラ売りを仕掛けます。

ポイント

「5分足チャートのパッと見で株価の状況を分析する方法」でも全体の動きを捉えられる。

すごコツ 15

「出来高が多い価格帯」を把握する

カラ売りをするときは、常に「出来高が多い価格帯」を把握しています。

株価が出来高が多い価格帯の下で推移していれば上値が重いので、カラ売りに適している状況だといえます。

使っているチャートに「価格帯別出来高」が表示できるのであれば、それを使ってもいいでしょう。

次のページのチャートでは、左側にある棒グラフが「価格帯別出来高」です。

これを見ると、「どの価格帯で出来高が多いのか」ということがすぐにわかります。

加えて私の場合、「価格帯別出来高」のグラフも見るのですが、それに合わせて、チャートの形から出来高が多い価格帯を推測しています。

価格帯別出来高

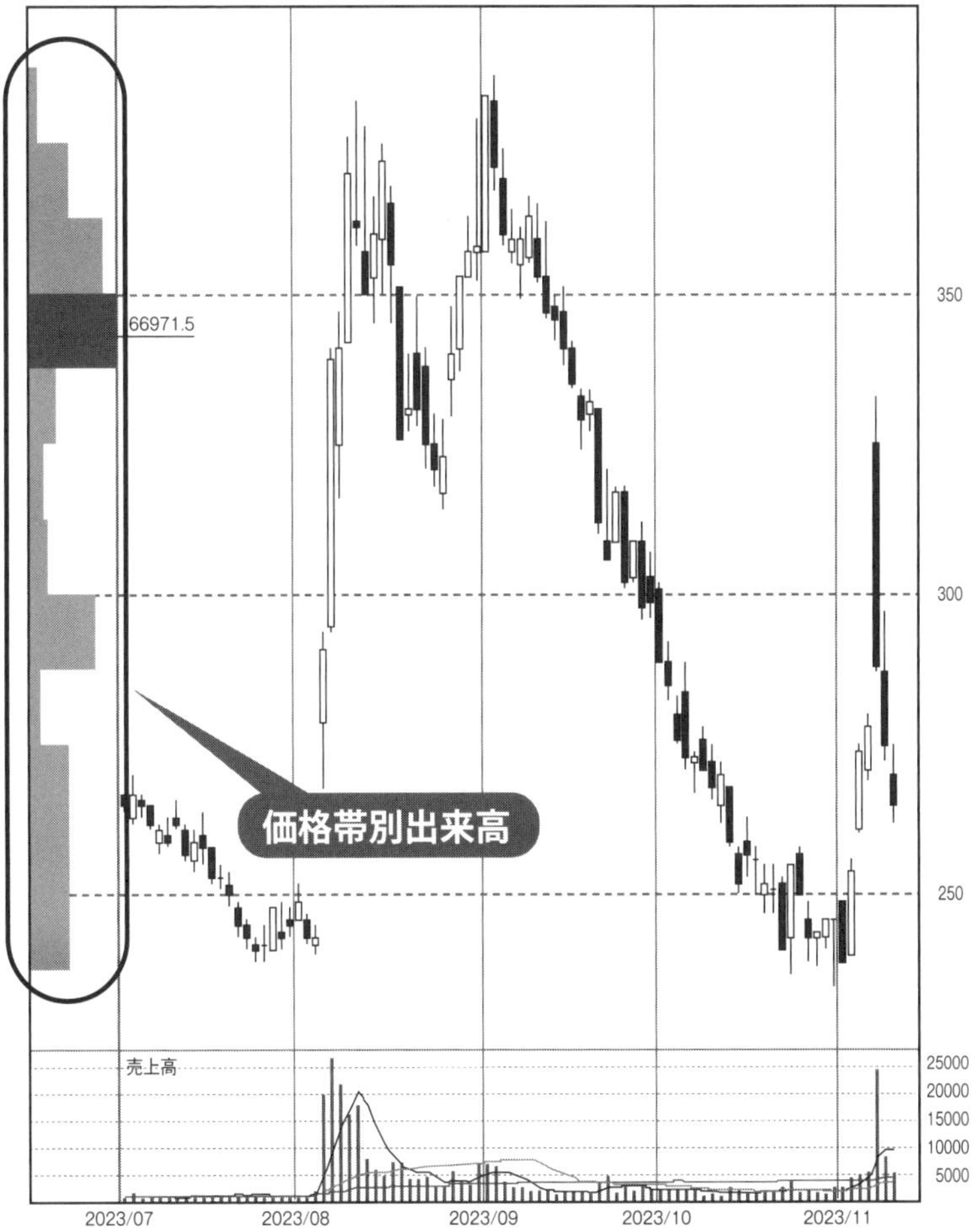
66971.5
350
300
250
価格帯別出来高
売上高
25000
20000
15000
10000
5000
2023/07
2023/08
2023/09
2023/10
2023/11

ポイント

チャートに「価格帯別出来高」のグラフを表示して、「出来高が多い価格帯」を把握する。

すごコツ 16

節目の位置を把握しておく

トレードをするときは「節目」の位置を把握しましょう。

節目とは、多くのトレーダーや投資家が意識する株価水準で、チャート上での重要なポイントのことです。

「高値・安値」「出来高が多かった価格帯」「レンジの下限・上限」「キリ番（ラウンドナンバー）」などです。

とくに、以下の３つは強い節目になりやすいので、必ず把握しておきましょう。

①株価が何度も跳ね返された高値や安値
②押し安値や戻り高値
③過去に大商いとなった価格帯

株価が何度も跳ね返された高値や安値は、多くのトレーダーが「今度はどうなるだろう」と注目しています。

押し安値や戻り高値は、続いていたトレンドが終わるポイントになります。

上昇トレンドは、終値が押し安値を下抜けたら終わります。下降トレンドは、終値が戻り高値を上抜けたら終わります。

トレンドが終わるか終わらないかの重要なポイントなので、当然、多くのトレーダーが意識しています。

過去に大商いとなった価格帯は、「そこでポジションを持った人たちがどのようなトレードをしてくるか」と多くのトレーダーが注目しています。

節目に対しての値動き次第で、ポジションを決済したり、新規のポジションを持ったりするトレーダーも多くいるので、必ず把握しておきましょう。

ポイント

節目とは、多くのトレーダーや投資家が意識する株価水準で、チャート上での重要なポイントのこと。

「高値・安値」「出来高が多かった価格帯」「レンジの下限・上限」「キリ番」などが節目になる。

節目に対しての値動き次第で、ポジションを決済したり、新規のポジションを持ったりするトレーダーも多くいるので、必ず把握しておく。

すごコツ 17

節目を使ってリスクを回避したり、仕掛けるポイントを見極める

カラ売りをするときは「節目」の位置を把握するのですが、もちろん、把握しただけでは意味がありません。トレードに活かしてこそ、意味があるわけです。

節目がすぐ下にあるところではカラ売りを仕掛けないようにしましょう。節目までの値幅が狭い（小さい）ときはカラ売りをなるべくしないということです。

理由は、株価が反発する可能性があるからです。

たとえば、すぐ下に押し安値があるとか、すぐ下に株価が何度も跳ね返された価格帯があるといった場合は、なるべくカラ売りを仕掛けないようにします。

カラ売りを仕掛けるのは、株価が節目を下に抜けてからです。

節目を下に抜けたということは、「株価を下支えするものがなくなった」ということです。

買いポジションを持っていた人の中には、売って決済する人もいることでしょう。

当然、株価は下がりやすくなります。

ここを狙ってカラ売りを仕掛けるわけです。

このように節目を把握していれば、リスクを回避できるし、仕掛けるポイントもわかるわけです。

ポイント

節目がすぐ下にあるところではカラ売りを仕掛けない。
株価が節目を下抜けたら、カラ売りを仕掛ける。

すごコツ

18 窓の位置は把握しておく

チャート上の「窓」も、意識しているトレーダーが多いので、必ず把握しておきましょう。窓とは、ローソク足とローソク足の間に生じる「空間」のことをいいます。よくわからない方は次ページのチャートを参考にしてください。

窓は株価が勢いよく動くことによってできます。「強く買われた」または「強く売られた」という株価水準なので、多くのトレーダーが意識するわけです。

正直、私自身、以前は窓など意識していませんでした。うまく言葉では説明できませんが、なんとなく、「オカルト」のような気がしたので意識していなかったわけです。

しかし、窓のあたりで株価が反応したり、場合によっては反転することがよくあるので、最近は意識しています。

読者の方も監視銘柄の窓の位置は把握しておきましょう。

窓とは？

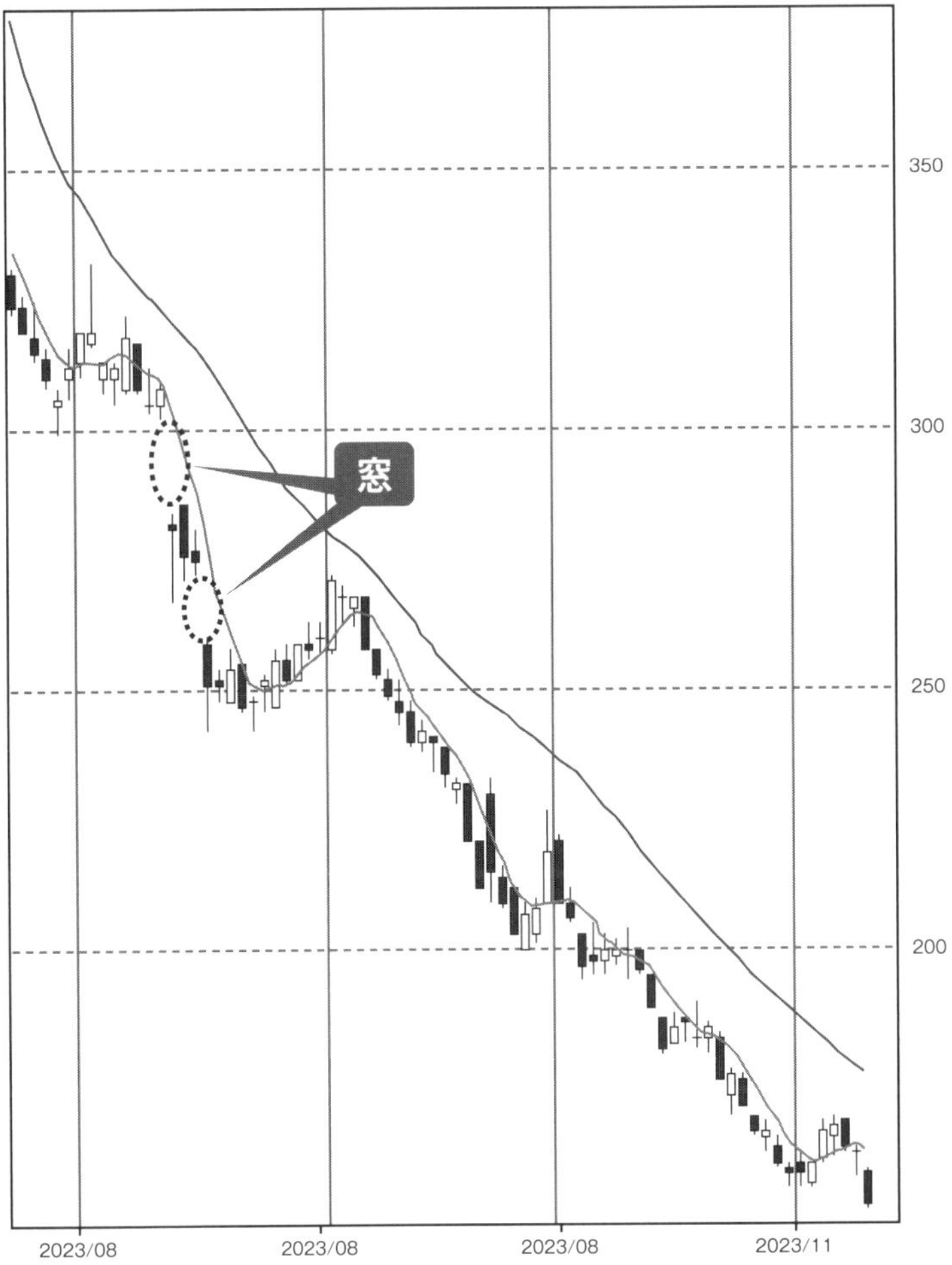

ポイント

窓のあたりで株価が反応したり、反転したりすることがよくある。

すごコツ

19 株価が3回以上、反応したラインは把握しておく

私はラインを使ってトレードすることがよくあります。

ホリゾンタルライン、トレンドライン、チャネルラインなどを使っています。とくに、チャート上で水平に引くホリゾンタルラインはよく使います。

今までラインを使ってトレードしていなかった人も、「株価が3回以上、反応したライン」は把握するようにしましょう。

たとえば、2回だけ弾んだラインは、まだほとんどの人が気付いていないか、気付いたとしてもそこが「サポートラインになる」と確信を持っていません。「そこで弾んだのは単なる偶然かもしれない」と思っている人が多いわけです。

しかし、3回以上となると、「偶然ではなさそう」「ここはサポートラインだ」と思う人が多くなります。

当然、そのラインが意識され、株価にも影響を及ぼします。

そのため、株価が3回以上、反応したラインは把握しておきましょう。

ポイント

株価が3回以上、反応したラインは把握しておき、トレードに活かす。

すごコツ 20

週足チャートで「ひと相場が終わった感」を捉える

デイトレやスイングでは週足チャートも使っています。

もちろん、入るタイミングを見極めるのには使えませんが、「株価の大きな流れ」を捉えるのには使えます。ローソク足1本の時間軸が長いので細かな上げ下げが少なく、大きな流れを捉えるのに適しています。

週足チャートでは「ひと相場が終わった感」を捉えるようにしています。

出来高をともなって株価が大きく上がっていった後、崩れだして、「ひと相場が終わったな」とわかることがあります。

高値圏で「大陰線」が出るといった、チャートの入門書に実例として載っているような形になっていることが多いです。

そういった「ひと相場が終わって株価が崩れている銘柄」を探して、デイトレやスイングでカラ売りを仕掛けます。

需給が悪化していることが多いので、ズルズルと下がることが多いです。

ポイント

週足チャートを使って「ひと相場が終わって株価が崩れている銘柄」を探して、デイトレやスイングでカラ売りを仕掛ける。

すごコツ

21 上位足がバンドウォークしながら下降している状況を狙う

上位足チャートを使って、カラ売りに適した状況かどうかを見極めています。そのほうが有利だからです。

カラ売りに適した状況の見極め方はいくつかあるのですが、ボリンジャーバンドを使う方法が最もわかりやすいでしょう。

上位足がボリンジャーバンドでバンドウォークしながら下降しているところを狙います。

バンドウォークとは、ボリンジャーバンドの±2σ《シグマ》のライン（または±1σのライン）に沿って価格が推移することを指します。上昇、または下降の勢いがある状況でバンドウォークになります。

バンドウォークで下降しているということは、下降の勢いが強いということです。この勢いに乗る形でカラ売りを仕掛けます。

売りで入るときには下位足チャートでタイミングを見極めます。何らかの根拠がある状況で

バンドウォークとは？

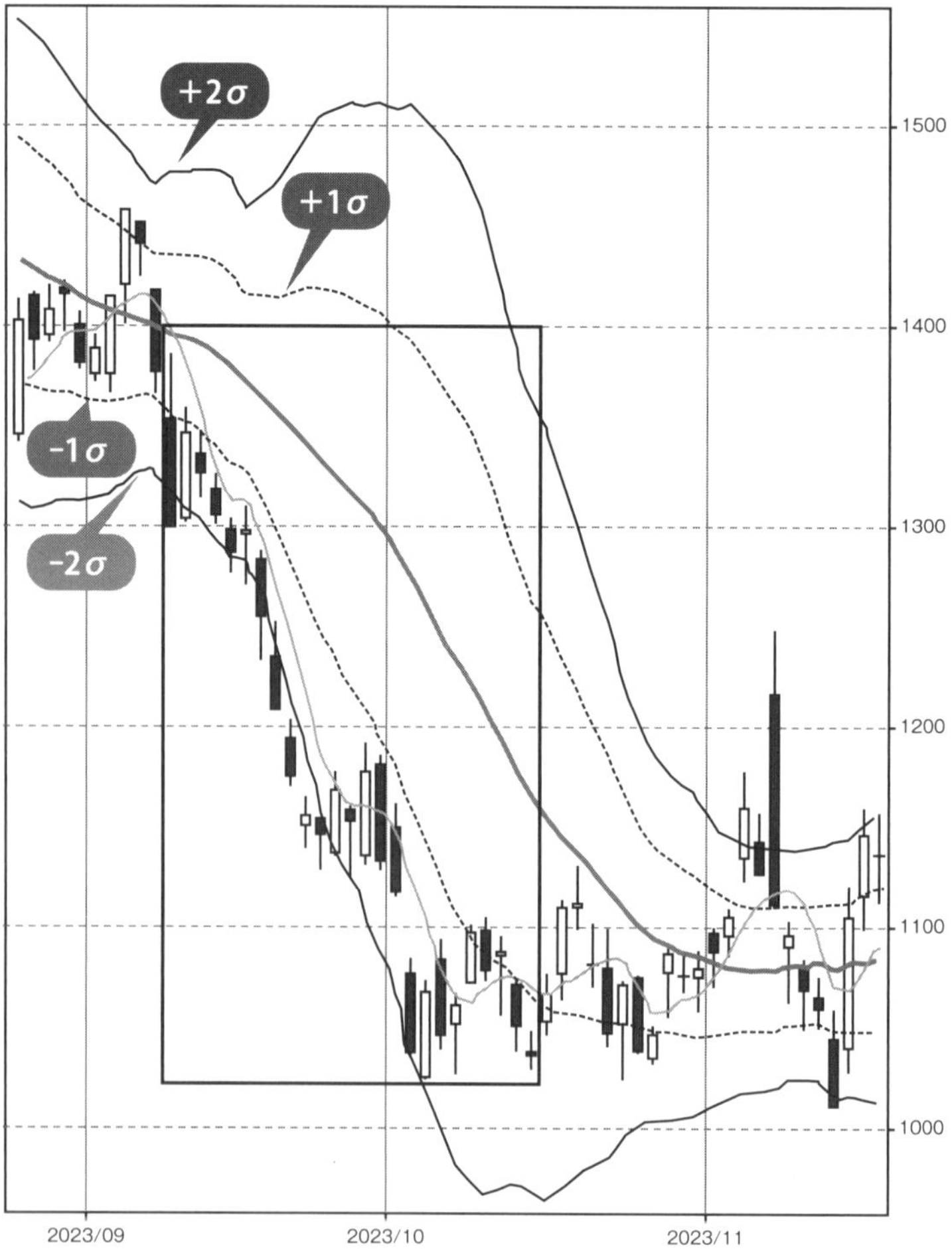

+2σ
+1σ
-1σ
-2σ
1500
1400
1300
1200
1100
1000
2023/09
2023/10
2023/11

入るわけです。
右のチャートであれば、四角で囲った部分がバンドウォークしています。

ポイント

上位足チャートでバンドウォークしながら下降している状況で、下位足チャートでタイミングを見極めて仕掛ける。

すごコツ 22

上昇トレンド中は「押し安値」の位置を常に把握しておく

上昇トレンド中は「押し安値」の位置を常に把握しています。

押し安値とは、高値を付けた波動の起点となる安値のことです。

言葉で説明してもなかなか伝わらないと思うので、図を使って説明しましょう。

次ページの図を見てください。上昇トレンド中の高値圏の一部分だと思ってください。

Aが高値です。この高値を付けた波動はBです。そして、このBの波動の起点となる安値はCです。

つまり、この図の株価の動きでは、Cが押し安値になるわけです。

ではなぜ、上昇トレンド中は「押し安値」の位置を常に把握するのでしょうか。

それは、「ダウ理論において、終値が押し安値を下抜けると上昇トレンドが終わったことになるから」です。

上昇トレンドが継続するか、終了するかのポイントであり、とても重要なのです。

押し安値と戻り高値

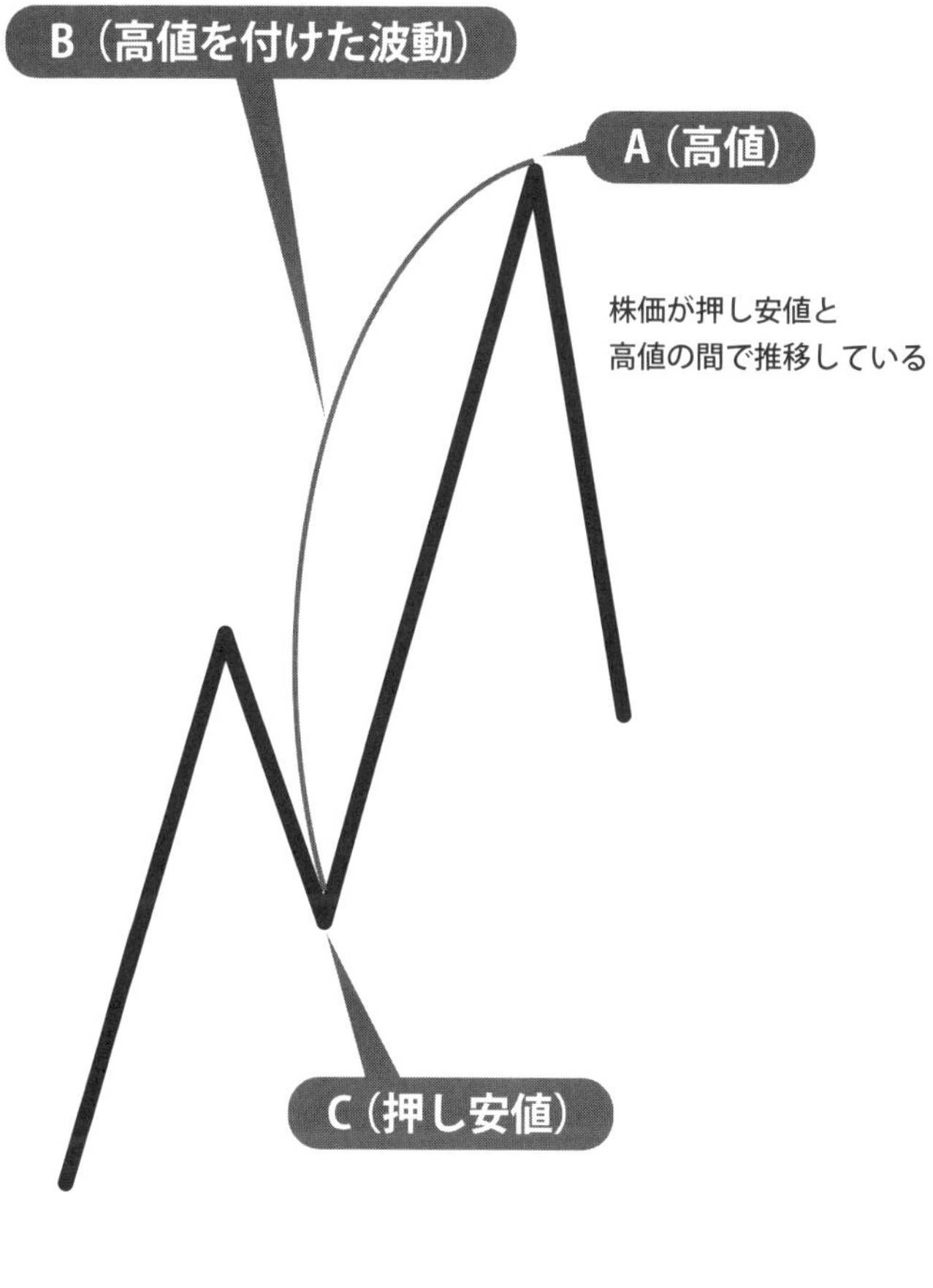
B（高値を付けた波動）
A（高値）
株価が押し安値と
高値の間で推移している
C（押し安値）

そのため、上昇トレンド中は「押し安値」の位置を常に把握しておくわけです。

もちろん、ここを下抜けても上昇トレンドが終わるだけで、下降トレンドになるわけではありません。

下降トレンドになることもあれば、レンジになることもあります。また、再び上昇トレンドになることもあるわけです。

しかし、一旦は上昇トレンドが終わったことになるので、他に根拠があれば、カラ売りを仕掛けましょう。

ポイント

ダウ理論において、終値が押し安値を下抜けると上昇トレンドが終わったことになるため、押し安値の位置を常に把握しておく。

すごコツ 23

「直近でポジションを持った人の損益状況」を推測する

チャートで見るときは「直近でポジションを持った人の損益状況」を推測するようにしています。

直近で株を買った人は含み益が出ているのか、含み損が出ているのか。

直近でカラ売りをした人は含み益が出ているのか、含み損が出ているのか。

とくに、直近で出来高が多かったところでポジションを持った人の損益状況が重要になります。

これらの損益状況によって、新規の仕掛けや決済のタイミングを決めています。

たとえば、直近で株を買った人の多くが含み損を抱えていそうなら、さらに株価が下がるとロスカットしてくるはずです。そのタイミングを狙ってカラ売りを仕掛けます。

直近でカラ売りをした人の多くが含み損を抱えていそうなら、さらに株価が上がるとロスカットしてくるはずです。状況が変わるまではカラ売りを仕掛けないようにしましょう。

ポイント

チャートを見て、「直近で株を買った人は含み益が出ているのか、含み損が出ているのか」「直近でカラ売りをした人は含み益が出ているのか、含み損が出ているのか」を考えながらトレードをする。

すごコツ 24 直近で買いポジションを持った人がロスカットしそうなポイントを考える

67ページで「直近の出来高が多かったところでポジションを持った人の損益状況が重要」と述べました。

とくに、「直近の出来高が多かったところで買った人のポジションが含み益になっているのか、含み損になっているのか」が重要です。

含み損になっている場合、株価がどのあたりまで下がったらロスカットしそうかを推測します。

私の場合、チャートの形を見れば、どこでロスカットしそうかがすぐにわかります。

しかし、ほとんどの方は、すぐにはわからないと思います。

買いポジションを持っているつもりになって考えましょう。

自分ならどこでロスカットをするのか。

ほとんどの場合は、どこかの安値です。

「直近の安値」「目立つ安値」などです。
これがわかるようになると、カラ売りの勝率が高くなります。

ポイント

買いポジションを持っているつもりになって、ロスカットしたくなるようなポイントを考える。

すごコツ

25

ＶＷＡＰを使ってトレーダーの損益状況を見極める

デイトレでは、株価の状況を見極めるためにＶＷＡＰ（売買高加重平均価格）も使っています。

ＶＷＡＰとは「Volume Weighted Average Price」の略です。

売買代金を出来高で割ったもので、当日の平均売買価格を表しています。

ＶＷＡＰ自体が優れたテクニカル指標であり、多くのトレーダーが使っているので、上手く使いこなすことでトレードをかなり有利することができると思います。

ＶＷＡＰと株価の位置関係を見れば、含み益が発生しているポジションと含み損が発生しているポジションのどちらが多いか、ということが一目でわかります。

株価がＶＷＡＰの上にあれば、含み益が発生しているポジションが多い

株価がＶＷＡＰの下にあれば、含み損が発生しているポジションが多い

実際のチャートで見てみましょう。

VWAPでトレーダーの損益を推測する

右ページのチャートは5分足チャートです。

AのところはＶＷＡＰの上にあります。ここは含み益が発生しているポジションが多いといえます。

Bのところは株価がＶＷＡＰの下にあります。ここは含み損が発生しているポジションが多いといえます。

このように、一目でわかるわけです。

ポイント

株価がＶＷＡＰの上にあれば、含み益が発生しているポジションが多い。

株価がＶＷＡＰの下にあれば、含み損が発生しているポジションが多い。

すごコツ

26 利食いによる売りで下がっているのか、ロスカットによる売りで下がっているのかを見極める

株価が下がっているとき、買いポジションを持った人の利食いによる売りで下がっているのか、ロスカットによる売りで下がっているのか」を見極めるようにしています。

経験上、利食いによる売りで下がっている場合は、どこかで反発する可能性が高いです。

利食いの売りが少なくなってしまえば、押し目を狙った人たちの買いが多くなり、株価が反発しやすくなります。

ロスカットによる売りで下がっている場合は、下げが続く可能性が高いです。

株価が下がれば下がるほど、含み損による不安に耐えていた人が我慢しきれずに売ってきます。その売りで株価がさらに下がり、さらにロスカットによる売りが出る。連鎖的に売りが出てくるわけです。

利食いによる売りで株価が下がっていると思ったら、そこではカラ売りを仕掛けません。

仕掛けるのは、ロスカットによる売りが出ていると思ったときです。

ポイント

利食いによる売りで株価が下がっていると思われるときはカラ売りを仕掛けない。
ロスカットによる売りで下がっていると思われるときに仕掛ける。

すごコツ 27

「推進波」「調整波」のどちらなのかを見極める

「株価の波」を使ってトレードするとき、「推進波なのか、調整波なのか」を見極めるようにしています。

「推進波」「調整波」というと、テクニカル分析を勉強した方なら「エリオット波動」を思い浮かべることでしょう。ここでは、エリオット波動を使うわけではありません。しかし、波の考え方はエリオット波動の「推進波」「調整波」と似ています。

推進波……トレンドと同じ方向に進む大きな波
調整波……トレンドと逆の方向に進む小さな波

「上昇の波」での推進波の特徴は、「一波が長い」「陽線が多い」「長い陽線が出やすい」です。

「上昇の波」での調整波の特徴は、「一波が短い」「陰線が多い」「短い陰線が出やすい」です。

「下降の波」での推進波の特徴は、「一波が長い」「陰線が多い」「長い陰線が出やすい」です。

「下降の波」での調整波の特徴は、「一波が短い」「陽線が多い」「短い陽線が出やすい」です。

「推進波」と「調整波」について

上昇トレンドの場合

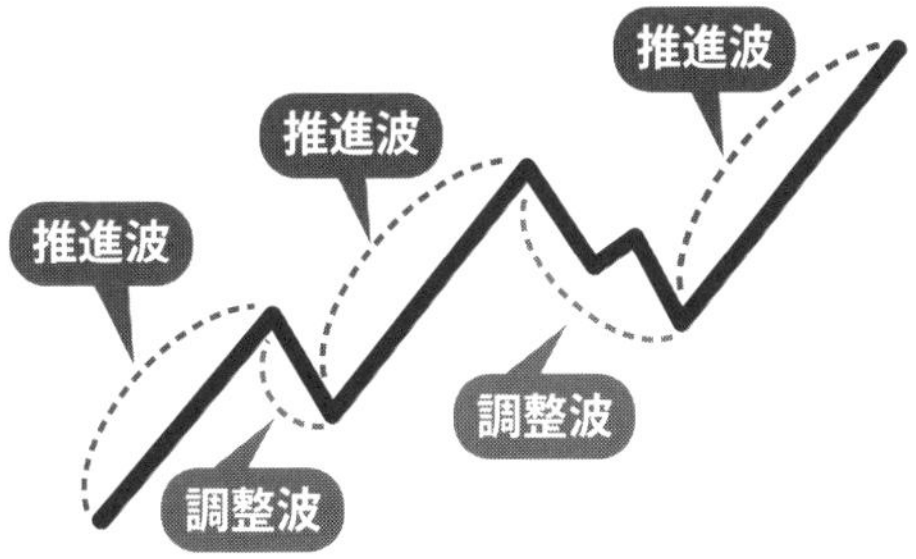

下降トレンドの場合

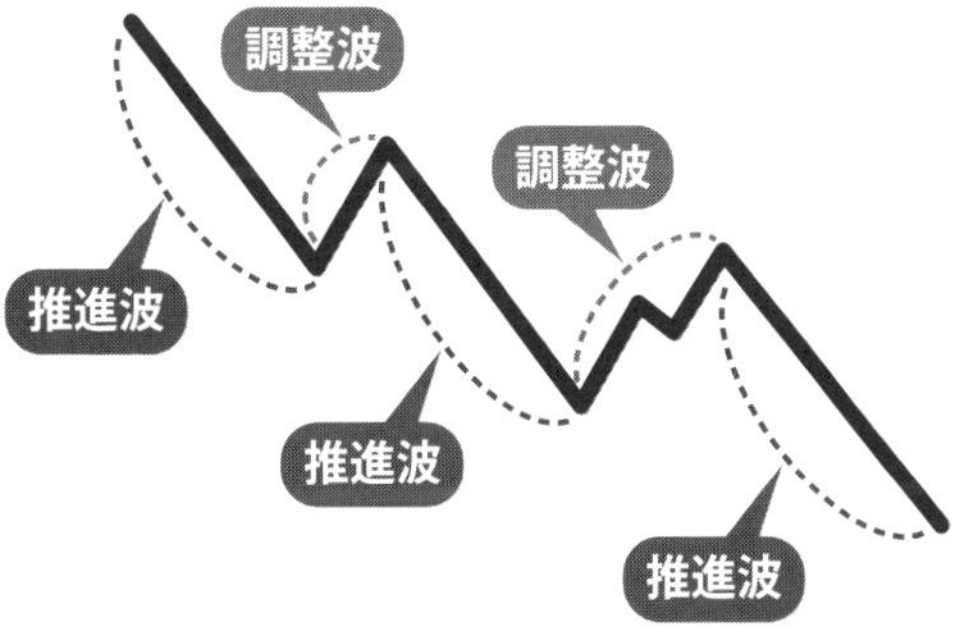

※エリオット波動の「推進波」「調整波」ではありません

これらのことを意識しながらチャートを見ると、「推進波」「調整波」のどちらなのかを見極められるようになります。

ポイント

波を使ってトレードするときは「推進波なのか、調整波なのか」を見極める。

すごコツ

28

大きなギャップで寄り付いた場合は、始値を基準にして多くのトレーダーの心理状態や行動を読む

寄り付き前から買い注文が殺到してギャップアップで寄り付いたり、売り注文が殺到してギャップダウンで寄り付くことがあります。

このような場合は、株価が始値よりも上で推移しているのか、下で推移しているのかを常に把握しながらトレードしましょう。

なぜなら、始値での出来高が極端に多いので、、株価が始値よりも上で推移するのか、下で推移するのかで状況が大きく違ってくるからです。

上で推移していれば、寄り付きで買った人の多くは含み益を抱えています。「慌てて売る」とか「売らなければならない」という人は少ないはずです。長めの陰線が出たり、移動平均線を下抜けしたりしないかぎり、売りが売りを呼んで株価が下がり続けるということは起こりにくいと考えられます。

逆に、株価が始値よりも下で推移していれば、寄り付きで買った人の多くは含み損を抱えています。「慌てて売る」とか「売らなければならない」という人がいるはずです。売りが売りを呼んで株価が下がり続けるということが起こりやすいと考えられます。

このように、大きなギャップで寄り付いた場合は、株価が始値よりも上で推移しているのか、下で推移しているのかで、短期トレーダーの損益や心理状態が大きく違います。

そのため、始値を基準にして、短期トレーダーの損益や心理状態を推測することが大切です。そして、彼らが「今後はどのような行動を取るか」を考え、売り注文が出やすい状況でカラ売りを仕掛けましょう。

ポイント

大きなギャップで寄り付いた場合は、株価が始値よりも上で推移しているのか、下で推移しているのかで、短期トレーダーの損益や心理状態が大きく違う。始値を基準にして、短期トレーダーの損益、心理状態、今後どのような行動をとるかを考え、売り注文が出やすい状況でカラ売りを仕掛ける。

第4章

情報活用編

すごコツ 29

材料が株価に与える影響を考える

好材料が出て株価が大きく上昇する、といったことはよくあります。

「上昇したところで、カラ売りで入って利益を狙う」と考える人が多いでしょう。

好材料が出たからといって、何日も上昇が続くとはかぎりません。

上昇が続くかどうかは、材料のインパクトや地合い次第です。

材料が株価にどのくらい影響しそうかということは、なかなかわかりません。ただ、経験を積んでいくと、ある程度はわかるようになります。

「これはそれほど大きく上がる材料ではないな」

「これは大化けしそうな材料だ」

というように、なんとなくですがわかるようになります。

私はノートにデータをまとめて研究したことがあります。

専用のノートを作り、以下のことをまとめました。

材料
前日までの日足チャート
当日の5分足チャート
数日後の日足チャート

チャートはプリントアウトしたものを貼り付けました。

これらのデータを取っていくと、「材料が株価に与える影響」がわかってきます。

そのようにして、ある程度、高値がどれくらい続くかのイメージを持った状態で、カラ売りを仕掛けるようにしましょう。

ポイント

材料が株価にどのくらいの影響を与えるかは、経験を積んでいくとわかるようになる。

専用のノートを作り、「材料」と「株価の動き」をまとめてみよう。

すごコツ30

株関連の情報サイトを使って材料を調べる

騰落率ランキングの上位にランクインした銘柄についても、何か材料が出ていないかを確認しましょう。

材料を確認する方法はいくつかあります。

その1つは、株関連の情報サイトです。

私は「株探」（株式会社ミンカブ・ジ・インフォノイド運営）というサイトを利用しています。

個別銘柄の「ニュース」のページを開くと、材料が出たかどうかわかります。

また、決算速報や開示情報も見られるので、材料を調べやすいです。

無料と有料があるのですが、はじめは無料のほうでいいでしょう。稼げるようになってきたら、有料のほうをお勧めします。利用料はそれほど高くないので、有料に切り替えたほうがいいでしょう。

ポイント

「株探」を使って材料を調べる。

すごコツ 31

急騰した銘柄はXを使って材料を調べる

株価が急騰した銘柄は、急騰した理由を調べましょう。

何らかの材料が出た可能性が高いです。

その材料を調べないでカラ売りを仕掛けるのはリスクが高すぎます。

私がデイトレを始めた頃（２００３年頃）は、材料を調べるのが大変でした。情報源は「証券会社が提供している市況ニュース」「業界紙」「トレーダーのブログ」など。材料が出てから、かなり時間が経っていることが多かったのです。

当時はザラ場でリアルタイムに情報を得ることが難しかったわけです。

そのため、急騰している理由がわからないことが多く、カラ売りを見送ったり、数日間は値上がりしそうな材料の銘柄に仕掛けてしまったことがありました。

今はザラ場でリアルタイムに情報を得ることが容易になりました（いい時代です）。

情報が一番早いのはX（旧：ツイッター）です。

材料を調べるときも、これが一番いいでしょう。

Xの検索スペースに「銘柄名」を入力して検索すれば、たいがいは材料について書かれたポストが出てきます。

また、材料についていち早くポストしてくれるアカウントをフォローしておくのもいいでしょう。

ポイント

急騰した銘柄はXの検索スペースに「銘柄名」を入力して材料を調べる。材料についていち早くポストしてくれるアカウントをフォローしておく。

すごコツ 32

材料を分析して短い時間で大きな利益を狙う

86ページで「株価が急騰した銘柄は、急騰した理由を調べる」ということを述べました。調べた後、以下のどちらなのかを考えます。

株価の上昇が続きそうな材料なのか
株価の上昇が続きそうにない材料なのか

正直、この見極めはすぐにできるようになるものではありません。とくに、初心者の方にとっては、難しいでしょう。

しかし、トレードで大きなお金を手にしたいのであれば、見極められるようになったほうがいいです。

経験を積んでいくと、なんとなくわかるようになります。

「株価の上昇が続きそうな材料」の場合は、株価が大きく上がってから崩れるのを待ちます。カラ売りを仕掛けるのは株価が崩れ始めてからです。崩れなければ、見送ります。

「株価の上昇が続きそうにない材料」の場合も、カラ売りを仕掛けるのは株価が崩れ始めてからです。早ければ、上昇から数分後には崩れ始めます。

崩れ始めたら、あっという間に上昇前の株価水準まで戻ることもあります。

材料を分析できるようになれば、短い時間で大きな利益を手にできるようになるわけです。

ポイント

材料について調べたら、「株価の上昇が続きそうな材料なのか」「株価の上昇が続きそうにない材料なのか」を見極める。材料を分析できるようになれば、短い時間で大きな利益を手にできるようになる。

すごコツ 33

貸借倍率を把握しておく

カラ売りを仕掛けようとしている銘柄は「貸借倍率」を把握しましょう。

貸借倍率とは、信用取引の「信用買い」と「信用売り」のバランスを数値で示したものです。

貸借倍率＝信用買い残÷信用売り残

貸借倍率は日証金が制度信用取引のみを算出の対象として、毎日公表しています。

同じように、「信用買い」と「信用売り」のバランスを数値で示したもので、「信用倍率」というものがあります。

こちらも算出方法は同じです。

信用倍率＝信用買い残÷信用売り残

こちらは、制度信用取引と一般信用取引で算出されますが、前週末時点での取組高を基にしています。

速報性ということでは、毎日公表される貸借倍率に劣るといえます。

そのため、私は貸借倍率のほうを使っています。

ポイント

貸借倍率とは、信用取引の「信用買い」と「信用売り」のバランスを数値で示したもの。
貸借倍率＝信用買い残÷信用売り残

すごコツ 34

貸借倍率が極端に低い場合はカラ売りを見送る

貸借倍率が極端に低い場合はカラ売りを見送りましょう。

貸借倍率が極端に低いということは、信用買いに対して信用売りが極端に多くなっているということです。返済期限である6ヵ月以内に、「売られる株数」よりも「買い戻される株数」が多い。「信用取り組みが良い」「好取組」という状況です。カラ売りにとっては不利な状況です。

そのため、なるべくカラ売りを見送りましょう。

逆に、貸借倍率が極端に高い場合はカラ売りに適しています。

貸借倍率が極端に高いということは、信用買いに対して信用売りが極端に少なくなっているということです。返済期限である6ヵ月以内に、「売られる株数」よりも「買い戻される株数」が少ない状況です。カラ売りにとっては有利な状況です。

ポイント

貸借倍率が極端に低い場合は
カラ売りにとっては不利な状況なので、見送る。

すごコツ

35 売り残の推移はチャートと照らし合わせて見る

カラ売りでは狙っている銘柄や、ポジションを持っている銘柄の「売り残」を把握することが大切です。

売り残の推移を把握しておきましょう。

売り残は株数だけを見るのではなく、チャートと照らし合わせて見るようにします。

日足チャートや週足チャートを使って、売り残の推移と株価の推移を見るわけです。

それによって、相場状況、今後の見通し、トレーダーの心理などを読みます。

たとえば、売り残が減少したとします。

これだけでは、何が起きているのか、よくわかりません。

しかし、株価の動きも見ると、何が起きているのかがわかります。

たとえば、株価が上がっていれば、「踏み上げられて買い戻した」ということがわかります。

カラ売りのポジションを持っているトレーダーは「含み損が出て困っている」と想像できます。

株価が下がらなければ、さらなる買い戻しで、株価がさらに上がることも考えられるわけです。

逆に、株価が下がっていれば、「含み益が出たので、利食いした」ということがわかります。

カラ売りのポジションを持っているトレーダーは「含み益が出て安心している」だろうと想像できます。

このように、売り残は株数だけを見るのではなく、チャートと照らし合わせて見るようにして、相場状況、今後の見通し、トレーダーの心理などを読むようにしましょう。

ポイント

売り残は株数だけを見るのではなく、日足チャートや週足チャートと照らし合わせて見るようにし、相場状況、今後の見通し、トレーダーの心理などを読む。

すごコツ 36

売り残の推移と株価の推移から踏み上げのリスクを見極める

売り残の推移をチャートと照らし合わせて見ていくと、踏み上げのリスクが見極められます。

①株価が急騰、または継続して上昇する
←②売り残が増加していく
←③株価が高止まり、または上昇が続く
←④売り残が減少しながら株価の上昇が続く

「④」の状況が「踏み上げ」です。

「③」の状況で多くのトレーダーが注目します。銘柄によっては、ＳＮＳでよく見かけるようになります。

そして、「④」の踏み上げが始りそうになると買いが集まり、一気に株価が上昇します。当然、踏み上げによる買い戻しも増えます。

「①」でカラ売りのポジションを持った場合、「②」と「③」で売り残の推移と株価の推移を見て、「④」の踏み上げになりそうかどうか、を見極めなければなりません。踏み上げになりそうであれば、「③」でポジションを解消します。「④」になると、株価が急騰して、含み損が一気に大きくなってしまう可能性があるので、その前に解消しておくべきです。場合によっては、カラ売りにこだわらず、買いで利益を狙いましょう。

このように、売り残の推移をチャートと照らし合わせて見ていくと、踏み上げのリスクが見極められます。必ず確認しておきましょう。

ポイント

売り残の推移をチャートと照らし合わせて見ていき、踏み上げのリスクを見極める。

すごコツ 37

機関投資家の動向を把握する

トレードでは機関投資家の動向を把握しておくことが大切です。

なぜなら、機関投資家は個人投資家に比べて資金量が豊富であり、株価に大きな影響を与えることが可能だからです。

とくに、外資系の機関投資家の動向には注意が必要です。外資系の機関投資家が買いポジションを積んでいくと株価が上がりやすく、売りポジションを積んでいくと株価が下がりやすいからです。

少し長いスパンでカラ売りを仕掛ける銘柄では、私も外資系機関投資家の動向を調べています。

外資系機関投資家が売りポジションを積んでいるのか、積んでいないのか。

積んでいるのであれば、積み増ししているのかどうか。

こういったことを日足チャートや週足チャートを見ながら確認し、ポジションを積み増しながら下げを狙っているようであれば、それに便乗する形でカラ売りを仕掛けます。

もちろん、ほかにも何らかの根拠が必要です。

外資系機関投資家が必ず利益を出せるわけではありません。売りポジションで踏み上げられることもあります。

そのため、そのようなときには、外資系機関投資家に便乗してカラ売りを仕掛けるのはやめましょう。

ポイント

外資系機関投資家の動向を調べ、ポジションを積み増しながら下げを狙っているようであれば、それに便乗する形でカラ売りを仕掛ける。

すごコツ 38

カラ売りの情報サイトを活用する

トレードでは情報を上手に活用することが大切です。上手に活用して利益につなげましょう。

カラ売りの情報サイトはいくつかありますが、『karauri.net』がお勧めです。

『karauri.net』は、機関投資家のカラ売り状況が掲載されているサイトです。

信用取引ランキング
貸借残高ランキング
空売りランキング
空売り機関ランキング
空売り増加状況
空売り返済状況
空売り新規ポジション
空売り解消

こういった情報が掲載されています。

検索スペースに銘柄のコードを入力して検索すると、機関投資家のカラ売り状況が時系列で表示されます。

個別銘柄の日足チャートを照らし合わせながら、ポジションの増減を確認しています。

ポイント

『karauri.net』で機関投資家のカラ売り状況を調べられる。

第5章

売買タイミング編

すごコツ 39

日足で出来高がピークアウトしてから仕掛ける

株価が大きく上昇している銘柄や急騰している銘柄にカラ売りを仕掛けるときは、なるべく、日足で出来高がピークアウトしてからにしましょう。

出来高が増加しながら株価が上昇していく

↓

株価が高値圏で出来高が極端に多くなる

↓

出来高が減少して株価が伸び悩む、または下落する

多くのトレーダーや投資家が株を買えば、株価は上昇します。

しかし、「買いたい」と思う人の数にはかぎりがあります。「買いたい」と思った人が皆、買ってしまったらどうなるでしょう。買う人がいなくなるわけです。そうなれば、株価が伸び悩むことになります。

買った人は「売る人」に変わるので、「売りたい人ばかり」という状況になります。その人たちは、株価が期待した通りに上がらなければ売ってくるでしょう。

株価が下がりやすくなるので、カラ売りで利益を得やすくなります。

実際には「買いたい人が皆、買ったか」ということはわかりません。

株価の動きと出来高から、「買いたい人のほとんどがすでに買ったか」ということを見極めましょう。

ポイント

出来高の推移から「買いたい人のほとんどがすでに買ったか」どうかを見極める。

すごコツ 40

日足で下降トレンドになっている銘柄は25日移動平均線の辺りで反落したら仕掛ける

日足で下降トレンドになっている銘柄はカラ売りで利益を得やすいので、積極的に狙っていきましょう。

とくに大型株で下降トレンドになっている銘柄は狙い目です。

仕掛けるタイミングはいくつかあります。

25日移動平均線近辺で反落したタイミング

これが一番お勧めです。

株価は25日移動平均線の辺りまで戻った後、大きなトレンドの方向に反転することがよくあります。

上昇トレンド中に25日移動平均線あたりまで下がってきて反発する

下降トレンド中に25日移動平均線あたりまで上がってきて反落する

カラ売りの場合は、反落を確認してから仕掛けましょう。

ポイント

日足チャートで下降トレンドになっている銘柄が安値から戻った後に、25日移動平均線の辺りで反落したらカラ売りを仕掛ける。

すごコツ 41

上位足で長い上ヒゲが出た後を狙う

上位足チャートで大きく上昇した後に高値圏で長い上ヒゲが出た後も、カラ売りに適した状況になることが多いです。

「高値圏での長い上ヒゲ」は、相場が「天井を打つ形」の1つです。長い上ヒゲが出た後は株価が下がる確率が高くなります。

ヒゲの部分は「株価が上がったけれど押し下げられた」ということを表しています。そして、ヒゲの長さは「売り圧力」が強いほど長くなります。

そのため、ヒゲが長いほど、その後、株価が下がる確率が高くなります。

また、陽線よりも陰線のほうが下がる確率が高くなります。

もちろん、必ず下がるわけではありません。また、下がるにしても、一旦、戻ることもあるわけです。

そのため、「上位足チャートで長い上ヒゲが出た」というだけでカラ売りを仕掛けないほうがいいでしょう。

上位足チャートで長い上ヒゲが出た後、下位足チャートで何か根拠があれば、カラ売りを仕掛けます。

ポイント

上位足チャートで長い上ヒゲが出た後、下位足チャートで何か根拠があれば、カラ売りを仕掛ける。

すごコツ

42 切り上げラインの下抜けで入る

「切り上げラインの下抜け」も入るタイミングとしてお勧めです。

切り上げラインとは、切り上がった安値同士を2点以上で結んだラインのことをいいます。

次ページの図を参考にしてください。

私も切り上げラインの下抜けで入ることがよくあります。

ただし、切り上げラインはどこに出ても使えるというわけではありません。

下落傾向がはっきりしている状況でなければ使えません。

複数の移動平均線やトレンドラインなどを使って、下落傾向であることを確認した上で使うようにしましょう。

切り上げラインとは？

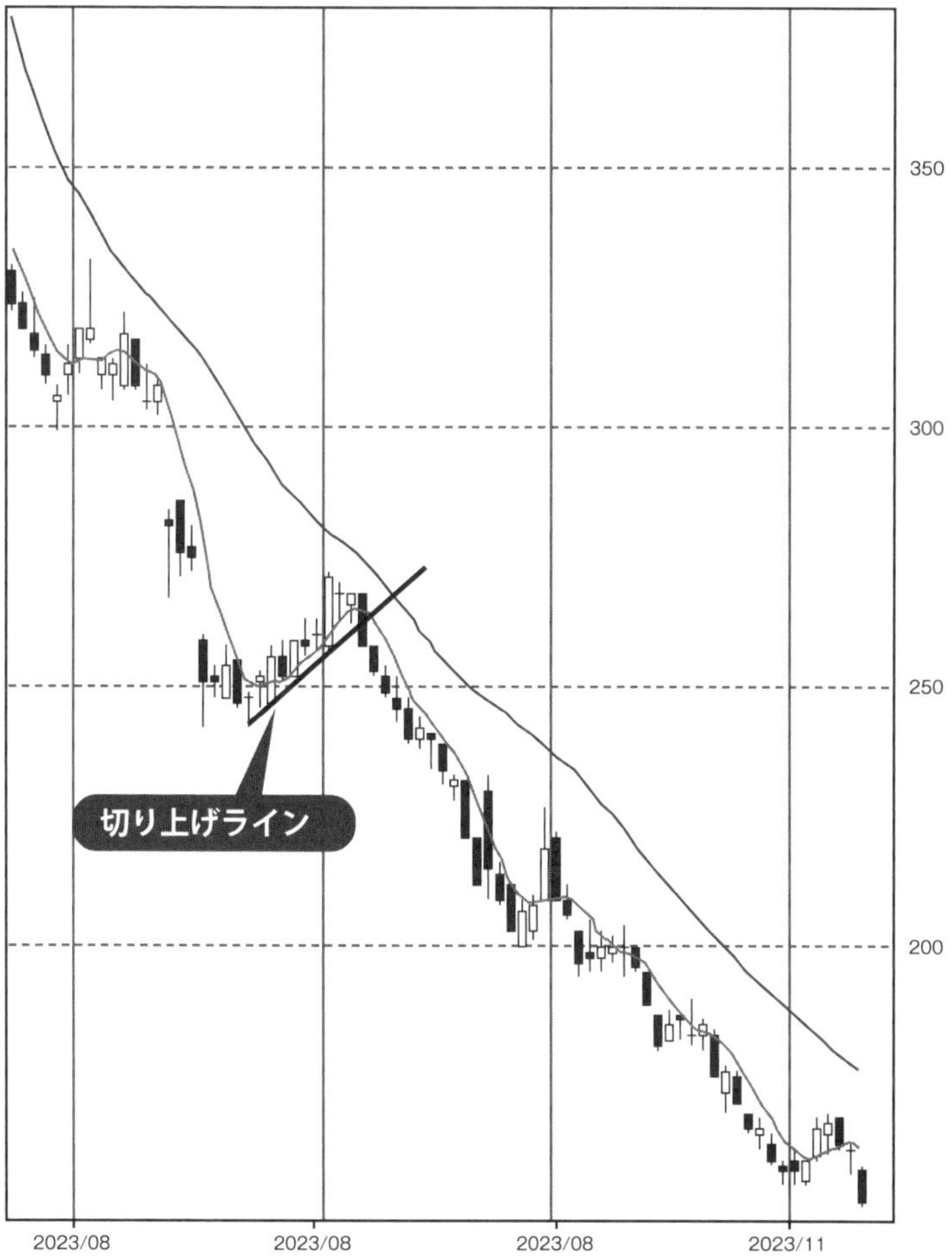
350
300
250
200
2023/08
2023/08
2023/08
2023/11
切り上げライン

ポイント

切り上げラインは下落傾向がはっきりしている状況でなければ使えない。

すごコツ

43 「下降の波」になっている銘柄を見つけて、2つのエントリーパターンで入る

76ページで述べた通り、私は「株価の波」を読んでトレードをすることがあります。「株価の波」を読むトレードの流れは、以下の通りです。

①「下降の波」になっている銘柄を見つける
←
②今の波は推進波なのか、調整波なのかを見極める
←
③いいタイミングがあれば、カラ売りで入る

入るタイミングは2パターンあります。

パターン①……推進波の継続が確認できたとき
パターン②……調整波から推進波への切り替わりを確認できたとき

推進波の継続が確認できたときは、飛び乗り（追随売り）で入ります。

調整波から推進波への切り替わりを確認できたときは、戻り売りで入ります。

ポイント

入るタイミングは2パターンある。
パターン①……推進波の継続が確認できたとき
パターン②……調整波から推進波への切り替わりを確認できたとき

すごコツ 44

上位足と下位足の両方で「下降の波」になっている状況で入る

上位足チャートで「株価の波」を読んでトレードする方法もあります。

①上位足チャートで「下降の波」になっている銘柄を見つける

←

②今の波は推進波なのか、調整波なのかを見極める

←

③下位足チャートで「下降の波」になるのを待つ

←

④下位足チャートでエントリーパターンになったらカラ売りで入る

たとえば、「上位足チャートを日足、下位足チャートを5分足」というような組み合わせにします。

上位足と下位足の両方で「下降の波」になっていると売り圧力が強いので、勝率が少し高く

なります。
また、上位足の波に乗るので、大きな値幅を獲りやすくなります。

ポイント

上位足と下位足の両方で「下降の波」になっていると売り圧力が強いので、勝率が少し高くなる。

すごコツ 45

N字による調整波パターンで仕掛ける

私のX（旧ツイッター）をフォローしている方は知っていると思いますが、「株価の波」を読むトレードは「波乗りトレード」と読んでます。

株もFXも波乗りトレードが得意です。とくに、FXはエントリーの約9割が波乗りトレードによるものです。

株でもFXでも得意な波のパターンがあります。

その1つが「N字による調整波パターン」です。

下降トレンド中に出現する調整波（戻りの波）です。

言葉で説明しても伝わりにくいと思うので、実際のチャートを使って説明します。

次ページのチャートのAのところを見てください。アルファベットの「N」のような形になっています。これが「N字による調整波パターン」です。

ただ、これが出現した時点では調整波かどうかはわかりません。

N字による調整波パターン

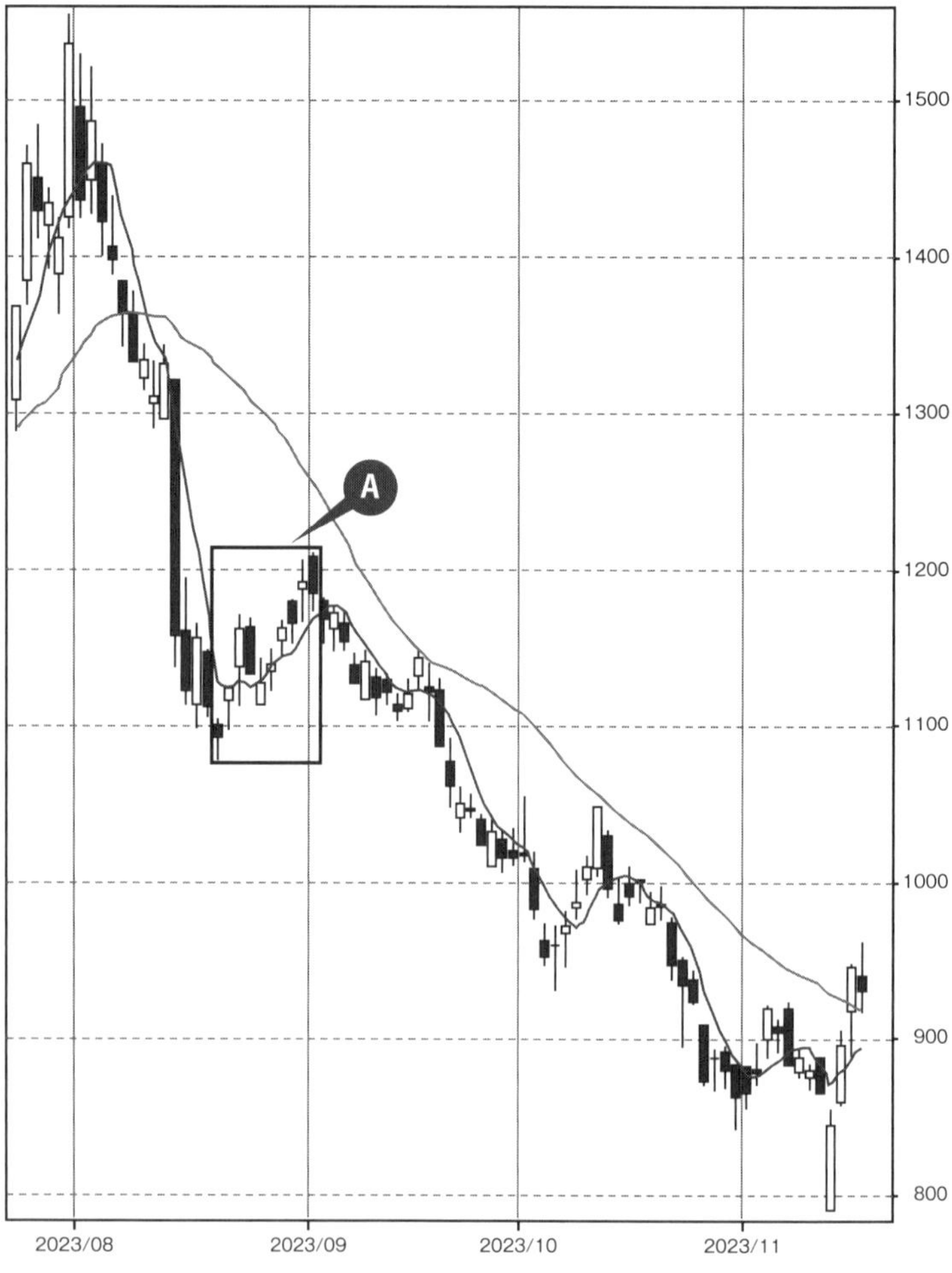

そのため、カラ売りを仕掛けるのは、調整波である可能性が高くなってからです。再び下降トレンドになる動きがあってからです。

ポイント

下降トレンド中に出現する「N字による調整波パターン」を使ってカラ売りを仕掛ける。

すごコツ 46

VWAPがレジスタンスとして機能することを確認してから仕掛ける

先にも述べた通り、カラ売りの場合、何らかのレジスタンスの下で仕掛けたほうがいいです。

VWAPもその1つです。

株価はVWAPのところで反落することがあります。

実例を見てみましょう。

左のチャートは5分足チャートです。

Aのところを見てください。下から上がってきた株価がVWAPのところで反落しています。

しかも、VWAPにピタリのところでの反落です。

このようなことはよくあります。

多くのトレーダーがVWAPを目安にしてトレードをしているため、このような動きになるのでしょう。

カラ売りを仕掛けるときは、VWAPのところで待ちかまえていてもいいのですが、反落を

VWAPはレジスタンスになることがある

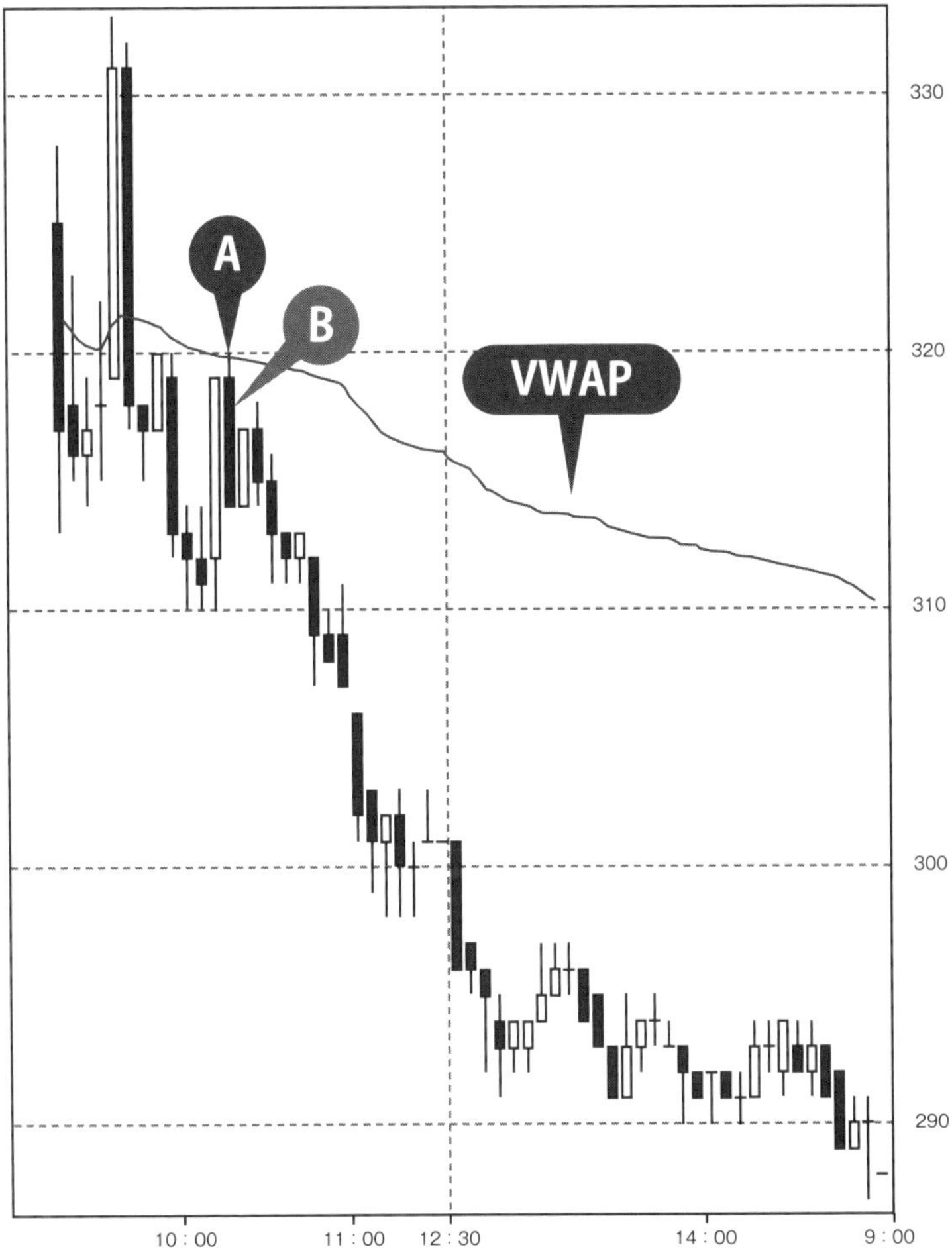

確認してからのほうがいいでしょう。ＶＷＡＰがレジスタンスとして機能することを確認してから仕掛けるわけです。

前ページのチャートでいえば、Ｂの陰線を確認した後に仕掛けます。

この場合、株価がＶＷＡＰを上抜けしたらロスカットします。

ポイント

ＶＷＡＰはレジスタンスとして機能することがある。

すごコツ 47

出来高が極端に多いローソク足がレジスタンスとして機能することを確認してから仕掛ける

「出来高が極端に多いローソク足」もレジスタンスの1つです。

下から上がっていった株価が「極端に出来高の多かったローソク足」のところで反落することがあります。「極端に出来高の多かったローソク足」で買いポジションを持ち、含み損を抱えていた人が、プラスマイナスゼロかわずかな損で逃げようとするからでしょう。

実例を見てみましょう。

次ページのチャートは5分足チャートです。

Aの陰線は出来高が極端に多いです。

次にBのところを見てください。下から上がってきた株価がAのローソク足の株価帯で反落しています。安値あたりでの反落です。

このようなことはよくあります。

出来高が極端に多いローソク足はレジスタンスとして機能する

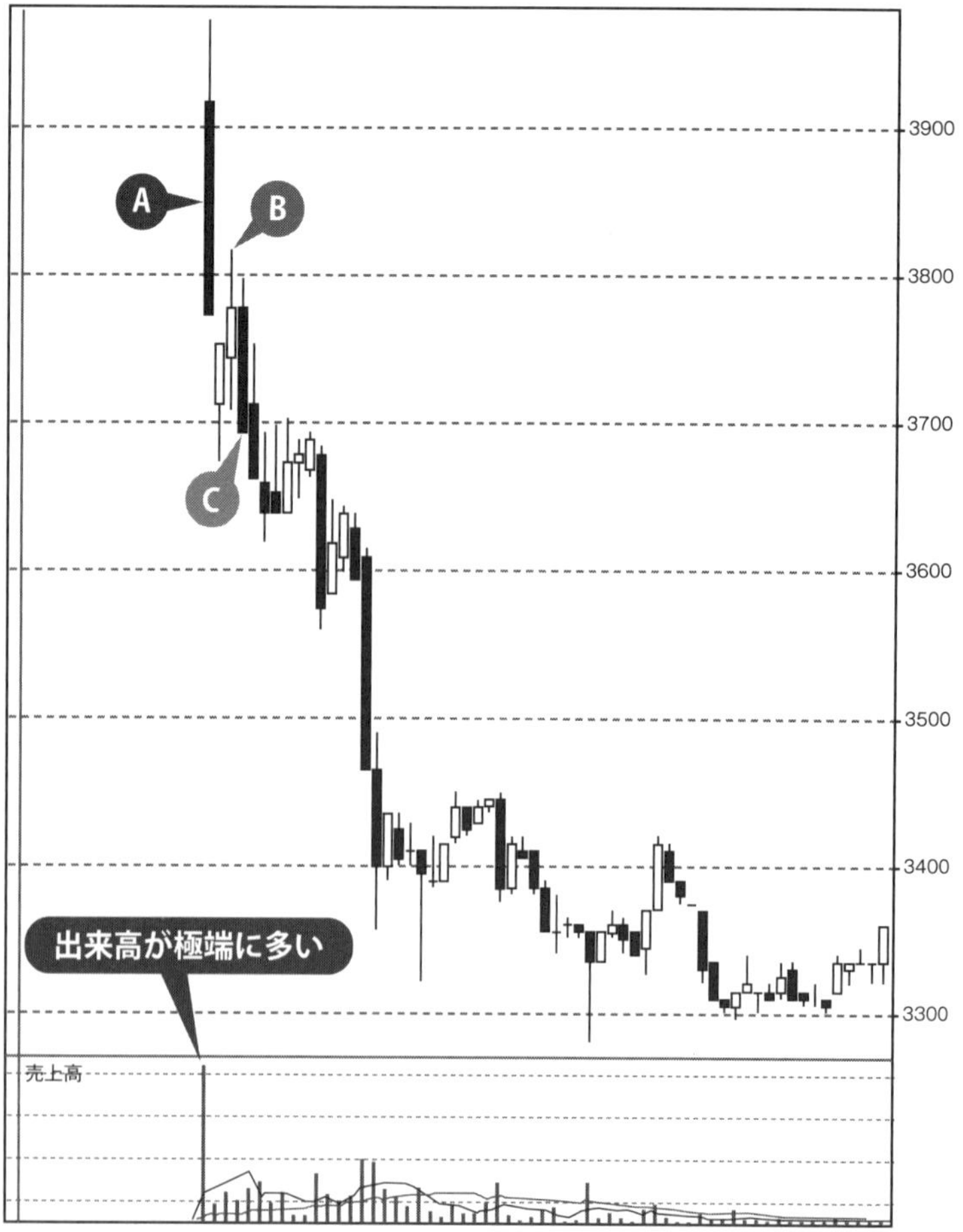

そのため、カラ売りを仕掛けるときは「出来高が極端に多いローソク足」のところで反落したのを確認してからのほうがいいでしょう。レジスタンスとして機能することを確認してから仕掛けるわけです。できれば、安値あたりで反落したときを狙いましょう。

右ページのチャートでいえば、Cの陰線を確認した後に仕掛けます。

この場合、株価がAのローソク足の高値を上抜けしたらロスカットします。

ポイント

「出来高が極端に多いローソク足」はレジスタンスとして機能することがある。「出来高が極端に多いローソク足」がレジスタンスになっていることを確認してから仕掛ける。

すごコツ

48

「極端に出来高が多い価格帯」の下で株価が推移しているときに入る

46ページで、「出来高が多い価格帯」について説明しました。

もちろん、「出来高が多い価格帯」がわかっただけでは、儲けられません。トレードにうまく取り入れる必要があります。

カラ売りで入るのは、なるべく「出来高が多い価格帯」の下で株価が推移しているときにしています。

「極端に出来高が多い価格帯」で株を買った人は多いはずです。株価がその下で推移しているということは、「含み損を抱えている人が多い」ということです。

株価が下がれば下がるほど、あきらめて損切りの売り注文を出してくるでしょう。

また、株価が上がって「極端に出来高が多い価格帯」に近づけば、微損で逃げるために売り注文を出してくるでしょう。当然、上値が重くなります。

そのため、「極端に出来高が多い価格帯」の下で株価が推移しているときは、「カラ売りにとって有利な状況」です。この状況で狙っていきましょう。

ポイント

「極端に出来高が多い価格帯」の下で株価が推移しているときは、「カラ売りにとって有利な状況」である。

すごコツ 49

「極端に出来高が多い価格帯」の辺りで反落を確認したらカラ売りで入る

株価は「極端に出来高が多い価格帯」で反転することがよくあります。

上で推移していた株価が「極端に出来高が多い価格帯」まで下がってくると、この価格帯のあたりで反発することがよくあります。

下で推移していた株価が「極端に出来高が多い価格帯」まで上がってくると、この価格帯のあたりで反落することもよくあります。

とくに、反落することのほうが多いです。

そのため、この傾向をカラ売りに活かしています。

下で推移していた株価が「極端に出来高が多い価格帯」まで上がっていき、この価格帯のあたりで反落したのを確認したら、カラ売りで入ります。

ポイント

「極端に出来高が多い価格帯」のあたりで反落したら、カラ売りで入る。

すごコツ 50

窓の近辺で株価が下がり始めたら打診売りをする

窓が現在の株価よりも上にある場合は「新規の仕掛け」のポイントにしています。株価が窓のところまで上がったら、カラ売りを仕掛けます。

仕掛ける位置は一応、「窓の上限」を狙います。「窓埋め」です。

窓が現在の株価よりも上にある場合は、「窓埋め後に株価が反落しやすい」というセオリーがあるため、売ってくるトレーダーがいます。

そのため、一時的に株価が下がりやすくなるので、そこをカラ売りで狙います。

しかし、過去の経験上、株価が窓の上限まで上がらないことが多いです。

窓の少し下や窓の間で下がり始めることが多いです。

そのため、窓の近辺で株価が下がり始めたら、打診売りをしています。その後、さらに下がりそうなら、ポジションを追加します。

窓埋め後に反落することがある

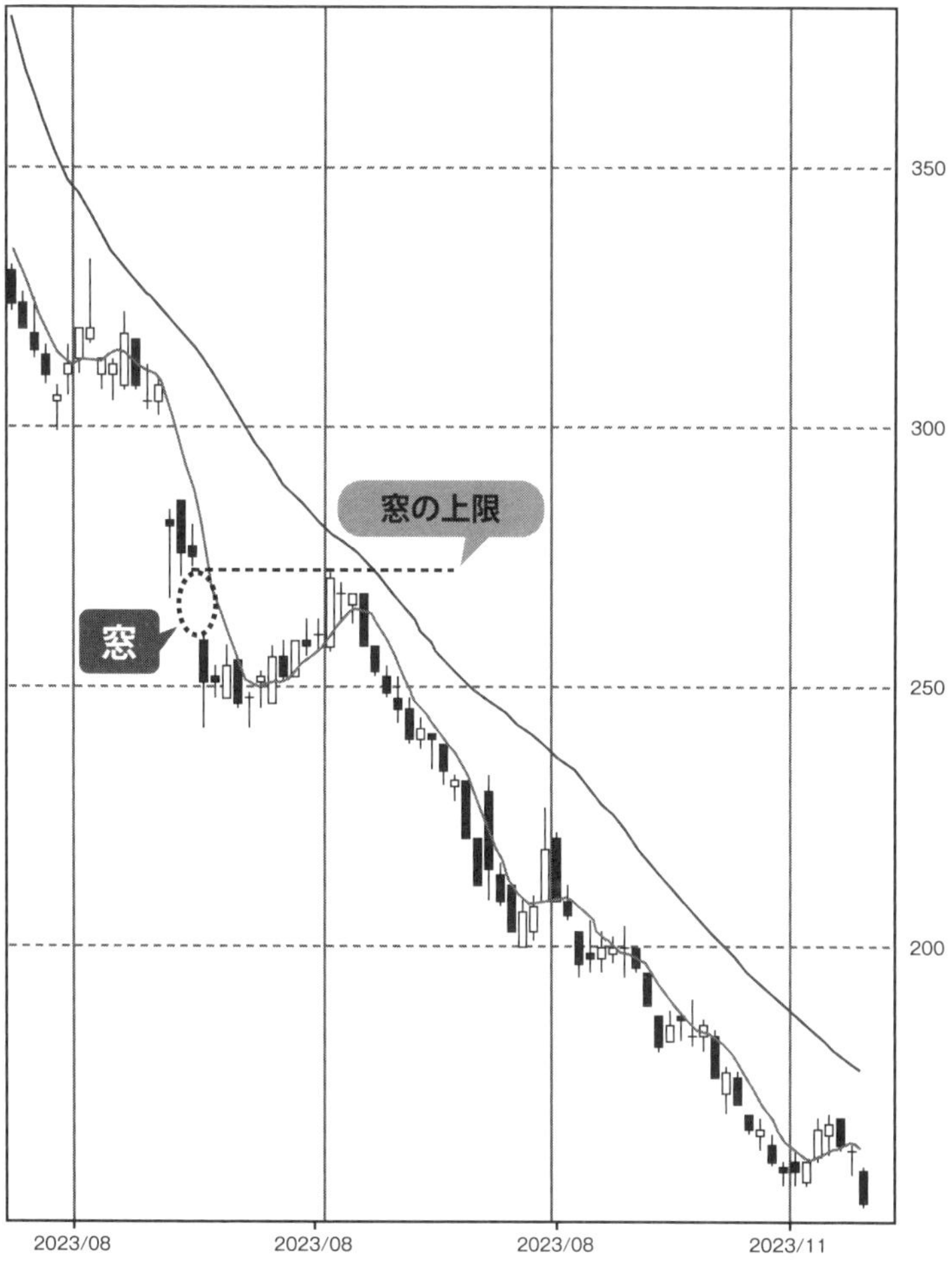

ポイント

窓の近辺で株価が下がり始めたら打診売りをして、さらに下がりそうなら、ポジションを追加する。

すごコツ
51 株価が3回以上、弾んだラインを下抜けしたらカラ売りを仕掛ける

57ページで「株価が3回以上、反応したラインは把握しておく」と述べました。

では、把握したラインをトレードにどのようにして使えばよいのでしょうか。

使い方はいくつかあります。

その1つは「下抜けでのカラ売り」です。

株価が3回以上、弾んだラインを下抜けしたらカラ売りを仕掛けます。

「株価が3回以上、弾んだライン」はサポートラインとして捉えている人が多いでしょう。そこを株価が下抜けると、「サポートとなる根拠」がなくなってしまうので、買いポジションを持っている人の中にはロスカットする人がいることでしょう。また、新規にカラ売りを仕掛けてくる人もいるでしょう。

目線が売りに偏るため、株価が下がりやすくなります。

そこをカラ売りで狙うわけです。

慎重にいくのであれば、リターンムーブからの下げを確認してから仕掛けましょう。

リターンムーブとは、レートがラインを抜けた後に一旦戻り、再び抜けた方向に進んでいく動きのことです

たとえば、サポートラインをレートが下に抜けた後、一旦、サポートラインのところまで戻り、再び下がっていく動きです。

つまり、株価がサポートラインの上に戻らないことを確認してから仕掛けるわけです。そのほうが、勝率が少しだけ高くなります。

ポイント

株価が3回以上上、弾んだラインを終値が下抜けしたらカラ売りを仕掛ける。
慎重にいくのであれば、リターンムーブからの下げを確認してから仕掛ける。

すごコツ 52

短期間で大きく上昇した銘柄は押し安値を下抜けた後の急落を狙う

66ページで述べた通り、終値が押し安値を下抜けても上昇トレンドが終わるだけで、下降トレンドになるわけではありません。上昇トレンドが終わっただけです。

そのため、株価が下落していくかどうかはわからないわけです。

しかし、短期間で大きく上昇した銘柄は、押し安値を下抜けると急落することがよくあります。

おそらく、これは買いポジションを持っている人が押し安値の少し下に逆指値の売り注文を出しているからでしょう。

そして、逆指値注文を出していなかった人が、押し安値の下抜けを確認して売り注文を出してきます。すると、株価がさらに下がります。

株価がさらに下がったことで、また売り注文を出してくるでしょう。

この連鎖で株価が急落するわけです。

私は押し安値を下抜けた時点でカラ売りを仕掛けることがあります。
そして、連鎖的な売りが出てきたら、追加のカラ売り（追撃売り）を仕掛けるようにしています。

ポイント

短期間で大きく上昇した銘柄は押し安値を下抜けた後の急落を狙ってカラ売りを仕掛ける。連鎖的な売りが出たら追加で仕掛ける。

すごコツ

53

14時過ぎの暴落で大きな利益を狙う

私自身、今はデイトレで大きく負ける日はほとんどなくなりました。

しかし、専業になる前は月に1、2回、大きく負けることがありました。

大きく負けるときのパターンはいくつかあったのですが、その1つは「直近で急騰していた銘柄の14時過ぎの暴落に巻き込まれる」というパターンです。

直近で急騰した銘柄は、14時過ぎに急落することがあります。

すぐに戻る場合もあるのですが、暴落することもあります。「株価が下がる⇓下がったことで売られる⇓さらに下がる⇓さらに売られる」という連鎖で暴落することがあるのです。

株価が下がったところでリバウンドを取りにいって、よく巻き込まれました。

当時はロスカットができず、つい、ナンピン買い下がりをしていました。ポジションが大きくなり、含み損も大きくなることがありました。

そして、膨れ上がる含み損の恐怖に耐えられず、ポジションをぶん投げるようにしてロスカッ

14時過ぎの暴落を狙う

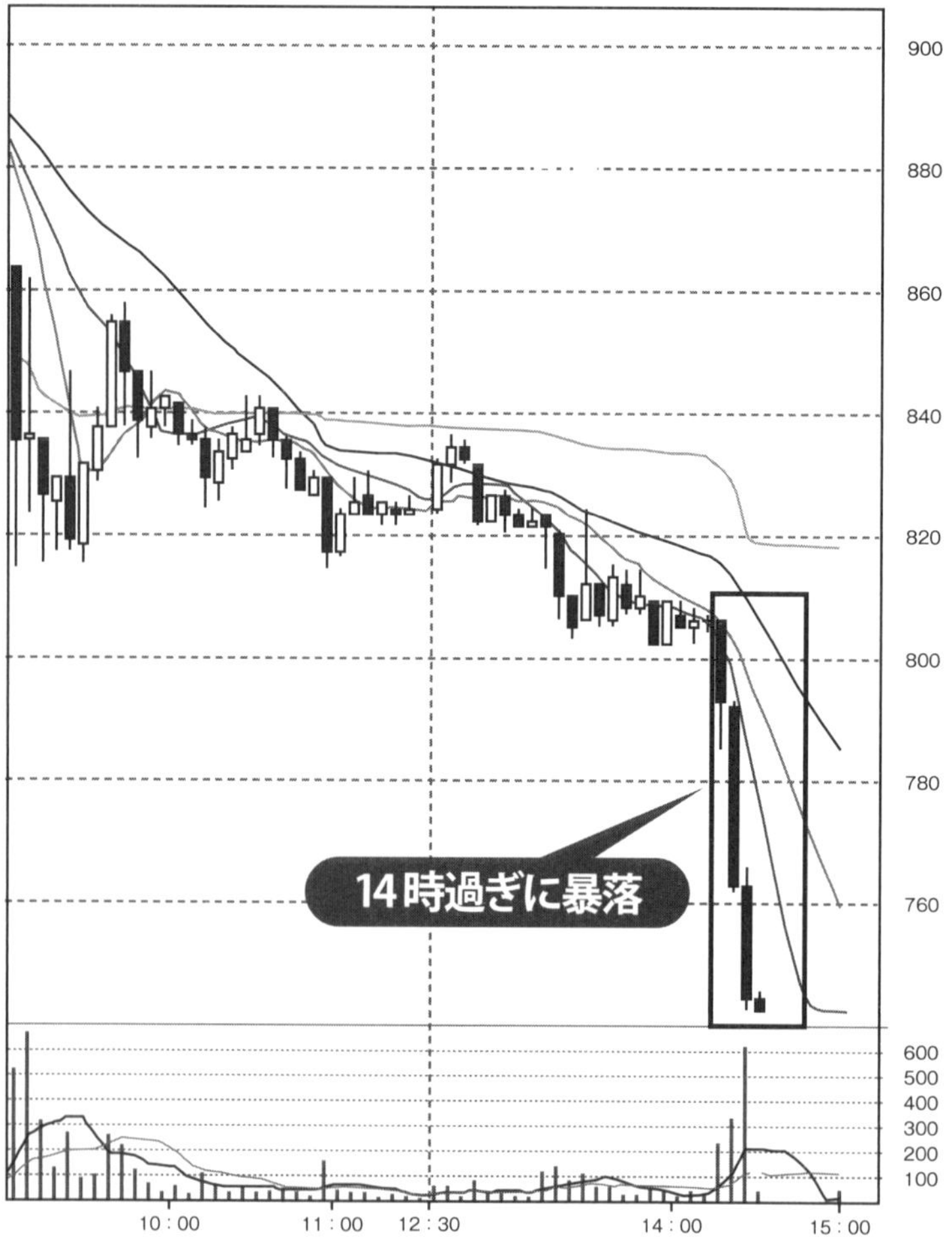

トする。このようなことを何度も経験しました。

今は直近で急騰した銘柄は、14時過ぎに警戒するようになり、また、ロスカットもきちんとできるので、暴落に巻き込まれるようなことはほとんどありません。

あるとき、「買いで大損するということは、カラ売りなら大儲けできるはずだ」と思いました。

そして、直近で急騰した銘柄の14時過ぎの暴落を狙うようになりました。

うまくいくと、数十分で大きな利益を得られます。

押し安値を上に抜き返したらロスカットします。

暴落したときの利益が大きいので、7、8回に1回でも成功すれば収支がプラスになります。

ポイント

直近で急騰した銘柄が14時過ぎに押し安値を下抜けしたら、カラ売りを仕掛ける。

すごコツ 54

安値圏で出来高が極端に多くなったら利食いのタイミング

「高値圏で出来高が極端に多くなったら、カラ売りで利益を得るチャンス」だと述べました。買いたいと思っていた人のほとんどが株を買ってしまったら、買いたい人が少なくなり、売りたいと思う人が多くなるからです。

安値圏で出来高が極端に多くなった場合は「株を売りたい人がたくさんいた」ということになります。それも、「安い値段でもいいから売りたい」という人たちです。「投げ売り」をした人もいたことでしょう。

多くの人が株を売ってしまったら、どうなるでしょうか。

売りたいと思う人が少なくなるわけです。

売買高があったということは、株を買った人もいるわけです。この買った人たちは、たたき売られていることを知っていて買っています。買った値段からある程度、下がらなければ、持ち続けることでしょう。

そのため、株価が下がらなければ売る人が少なくなって、株価は下げ止まる可能性が高くなります。

「安値圏で下げ止まった」と思う人が多くなり、株価が上がりやすくなります。

カラ売りにとっては不利な状況です。

株価が下がっていって、出来高が極端に多くなったときは、新規の売り建てはしないようにしましょう。

また、カラ売りのポジションを持っているときは、利食いを考えましょう。

ポイント

安値圏で出来高が極端に多くなると、株価は下げ止まる可能性が高くなる。

安値圏で出来高が極端に多くなった場合、カラ売りのポジションを持っていれば利食いし、持っていなければ新規の売り建てはしない。

すごコツ 55

安値圏で大陰線が出た場合は利食いを検討する

安値圏で大陰線が出た場合も利食いを考えましょう。

株価が反発する確率が高くなるからです。

大陰線が出たということは、「いくらでもいいから売りたい人が多数いた」ということになります。それも、「安い値段でもいいから売りたい」という人が多かったわけです。

投げ売りされたので、「売られ過ぎ」になっている可能性が高いです。

いわゆる、「オーバーシュート」です。

オーバーシュートとは相場が過剰に反応して、行き過ぎた動きとなること。

とくに、出来高が極端に多い大陰線が出た場合はオーバーシュートの可能性が高いので、ポジションの一部だけでも利食いしておいたほうがいいでしょう。

ポイント

安値圏で大陰線が出た場合は、ポジションの一部だけでも利食いしておく。
出来高が極端に多い大陰線が出た場合は、オーバーシュートの可能性が高い。

すごコツ

56

窓の下限で買い戻す

チャート上の「窓」を確認して、それをトレードに活かします。

窓が現在の株価よりも上にある場合と、下にある場合では活かし方が違います。

下にある場合は買い戻しのポイントにしています。

カラ売りのポジションを持っているとき、株価が窓のところまで下がったら、買い戻します。

ポジションの全部を買い戻すか、一部を買い戻すかは状況次第で決めています。

買い戻す位置は「窓の下限」にすることが多いです。

いわゆる、「窓埋め」です。

「窓埋め後に株価が反転しやすい」

というセオリーがあるため、買ってくるトレーダーがいます。

そのため、一時的に株価が上がりやすくなるので、買い戻すようにしています。

もちろん、窓を埋めないで反転することもあるので、その場合は臨機応変に立ち回ります。

ポイント

窓埋め後は一時的に株価が上がりやすくなるので、買い戻す。

すごコツ 57

25日移動平均線近辺で利食いを検討する

日足ベースで大きく上昇した銘柄にカラ売りを仕掛けた後、25日移動平均線あたりまで株価が下落した場合は、買い戻しを検討します。

25日移動平均線を下抜けして、さらに下落することもあるのですが、反発することもあるので、利食いすることが多いです。

株価がまだ下落しそうな場合でも、ポジションの一部だけを利食いするようにしています。25日移動平均線で反発を繰り返しながら大きく上昇していくこともあるので、一部だけでも利食いしておいたほうがいいでしょう。

ポイント

25日移動平均線あたりまで株価が下落した場合は、利食いを検討する。

すごコツ 58

横ばいの後にメジャーな移動平均線を上抜けしたら利食いする

カラ売りを仕掛けた後に株価が下落して横ばいになった場合は、買い戻しを検討します。横ばいの後、さらに下落することもあるのですが、大きく戻ることもあるので、利食いすることが多いです。

株価がまだ下落しそうな場合は、ポジションの一部だけを利食いします。横ばいの後、株価がメジャーな移動平均線を上抜けした場合は、ポジションのすべてを利食いするようにしています。

株価が下落
↓
横ばい
↓
移動平均線を上抜け

たとえば、日足チャートで「下落⇓横ばい」の後に25日移動平均線を上抜けしたら、利食いします。

メジャーな移動平均線を上抜けすると、「下降トレンドが終わった」「株価の流れが変わった」と捉える人が多いため、買いによって株価が上がりやすくなるので、買い戻すわけです。

ポイント

「下落⇓横ばい」の後にメジャーな移動平均線を上抜けしたら、利食いする。

第6章

リスク管理編

すごコツ

59

信用取引を利用するときは、自己資金の2〜2・3倍くらいまでにする

カラ売りは「信用取引」を使ってトレードします。

信用取引をする上で大切なのは「リスク管理」です。

ときどき、X（旧ツイッター）で「追証が発生しました」「退場になりました」というポストを目にしますが、そこに至る経緯を読むと、たいがいは「ポジションの額が大き過ぎたことが原因」のようです。

信用限度枠の上限近くまでのポジションを建てれば、株価のわずかな変動で追証が発生したり、自己資金が大きく減ったりしてしまいます。

信用取引を利用するときは、自己資金の2〜2・3倍くらいまでにしておきましょう。

ちなみに、私自身は追証の経験がありません。慎重な性格なので、信用取引を始める前にリスクについてよく調べたからです。

私が信用取引をはじめた頃は「ネット取引」などなく、証券会社の店頭で営業部長と面接を

受けるという審査がありました。そのため、事前に信用取引の仕組みやリスクを勉強していたわけです。

それでも、ポジションの建て過ぎが原因で、追証が発生しそうになるくらいに資金が減ったことがありました。

十分に注意しましょう。

ポイント

信用取引をする上で大切なのは「リスク管理」。信用取引を利用するときは「信用取引の仕組み」をよく理解し、ポジションの総額は自己資金の2～2・3倍くらいまでにする。

すごコツ 60

ポジションを同一銘柄だけにしない

信用取引を利用するときは、現物株のトレード以上にリスク管理を厳しくする必要があります。

なるべく、同一銘柄のポジションだけを持つのは避けましょう。

これは、カラ売りにかぎらず、買いでも同じです。

トレードでは何が起きるかわかりません。急に株価が大きく動くこともあります。

同一銘柄のポジションだけを持っていると、その銘柄の株価が思惑とは逆に動いた場合、大きな含み損が発生してしまいます。場合によっては、資金がなくなってしまったり、追証が発生したりしてしまいます。

そうならないためにも、複数の銘柄を持ち、リスクを分散しましょう。

そして、できればカラ売りのポジションだけでなく、買いのポジションも持っておくようにしましょう。

そうすれば、相場全体の上昇が続いてカラ売りで含み損が出たとしても、買いのポジションのほうで利益が出るので安心です。
もちろん、無理に買いポジションを持つ必要はありません。リスク管理のために、上がりそうにない銘柄をわざわざ買う必要はないでしょう。何かいい銘柄があれば買っておきましょう。

ポイント

同一銘柄のポジションだけを持つのは避ける。カラ売りのポジションだけでなく、買いのポジションも持っておく。

すごコツ 61

取るリスクを小さくする

大きく負けた人のトレードを分析することがあります。

ほとんどの場合、真っ先に思うことがあります。それは「リスクを大きく取り過ぎている」ということです。

リスクの取り方は、トレードスタイルや入るときの根拠によっても違ってくるのですが、可能なかぎり小さいほうがいいです。取るリスクが小さければ、損をしたとしても、すぐに取り戻せるからです。

逆に、取るリスクが大きければ、失敗したとき、すぐに取り戻すのが大変です。

私は買いでもカラ売りでも、とにかく、リスクを小さく取るようにしています。

ポイント

取るリスクが小さければ、損をしたとしてもすぐに取り戻せる。

すごコツ

62 時価総額が低い銘柄はカラ売りをしない

カラ売りを仕掛ける前には、狙った銘柄の時価総額を確認しましょう。

時価総額とは、企業が発行している株式の市場価格を合計したものです。計算式は「株価×発行済株式数」です。

時価総額が低い銘柄は株価が急騰する可能性があるので、カラ売りをするときは注意が必要です。かなり低い場合はカラ売りをしないほうがいいでしょう。

では、時価総額がどのくらいならカラ売りをしないほうがよいのでしょうか。

この金額には明確な基準がありません。

ただ私の感覚では、時価総額が１００億円未満の銘柄はなるべく避けたほうがいいと思っています。

時価総額が50億円未満の銘柄なら、カラ売りをしないほうがいいです。

時価総額が50億円未満の銘柄だと、ちょっとした好材料でも株価が跳ね上がってしまうことがあるからです。

また、Xのフォロワー数が1万くらいのトレーダーが「買い煽り」をしただけで株価が跳ね上がる可能性もあります。

私自身、過去に時価総額が低い銘柄にカラ売りを仕掛け、踏み上げられて大きな損失を出したことがありました。このような失敗をしないためにも、カラ売りを仕掛ける前にはその銘柄の時価総額を確認しましょう。

ポイント

時価総額が50億円未満の銘柄は、なるべくカラ売りをしない。

すごコツ

63 板が薄い銘柄はカラ売りをしない

板が薄い銘柄はカラ売りをしないこと。

なぜなら、株価が急騰する可能性があるからです。

板とは、証券取引所に出された売買注文の価格と数量を表すものです。

板が薄いとは、取引所に出ている注文が少ない状態のことです。

注文が少ない状況では、まとまった注文が出たときに、株価が大きく動く可能性があります。

カラ売りのポジションを持った後、まとまった売り注文が出て株価が急落すればいいのですが、まとまった買い注文が出れば株価が急騰して一気に含み損が拡大してしまいます。

また、まとまった買い注文でなくても継続的に買われれば、株価は急騰します。

私がよくやってしまったのは、板が薄くて上昇している銘柄に「そんなに上がらないだろう」とカラ売りを仕掛け、踏み上げられて損をするというパターンです。翌日、ギャップアップし、大きな損失が出たこともありました。

このようなことがないように、板が薄い銘柄はカラ売りをしないようにしましょう。

ポイント

板が薄い銘柄は株価が急騰する可能性があるので、カラ売りをしない。

すごコツ 64

ストップ高近辺ではカラ売りをしない

デイトレでは当日の高値圏でカラ売りをすることがよくあります。

しかし、ストップ高近辺ではカラ売りをしないようにしています。

なぜなら、ストップ高にはり付いてしまったとき、リスクが大きくなるからです。

過去には、ストップ高近辺でカラ売りをして大きな利益を得たこともあります。

しかし一度、ストップ高にはり付いてしまい、翌日はギャップアップで始まってストップ高で寄り付きました。この寄り付きでロスカット。大きな損失が出ました。

カラ売りを仕掛けたときは「ストップ高になりそうになったら、すぐにロスカットすれば大丈夫」と思っていました。

しかし、実際はストップ高から数円下まで株価が上がってきたとき、急に値動きが速くなって、ロスカットが間に合いませんでした。考えが甘かったのです。

このようなことがあったので、今はストップ高近辺ではカラ売りをしないようにしています。

ストップ高から剥がれたときもしません。

ただ、ストップ高から剥がれて、節目を下抜けしたような場合は仕掛けることがあります。

ストップ高近辺で買った人たちのロスカットによる売り注文が出てきやすいからです。

ポイント

ストップ高にはり付いてしまうと、
翌日はギャップアップで始まる可能性が高いので、
ストップ高近辺ではカラ売りを仕掛けない。

すごコツ 65

含み損が出たら早めにロスカットする

トレードではロスカット（損切り）がとても大切です。

長期投資や配当・優待目的での投資なら、含み損が出ても持ち続けてもいいでしょう。

しかし、差益目的のトレードであれば、含み損が小さいうちにロスカットするべきです。

とくに、カラ売りの場合は損失額の上限がないので、ロスカットすることがとても大切です。

カラ売りのリスクは、「青天井」といわれています。

買いの場合、株価がどんなに下がっても1円までです。たとえば、株価100円で1万株買ったとします。100万円分です。

株価が暴落したとしても、1円まで。損失額は最大で99万円です。

しかし、カラ売りの場合は最大損失額がありません。

株価100円で1万株カラ売りしたとします。100万円分です。株価が上がり続けたら、いくらになるかわかりません。

株価が200円になれば、100万円の損失。株価が1000円になれば、900万円の損失です。

株価が1000円を超えることもあり得ます。損失額の上限がないわけです。

ここで少し想像してみてください。100円で1万株カラ売りした後に、株価が暴騰した状況を。株価の上昇はいつ止まるかわからない。口座の管理画面に表示される損失額……。

もちろん、どこかで追証が発生するでしょう。追証に応じなければ強制決済となり、そこで損失額が確定します。

そのため、損失は「無限」というわけではないのですが、口座の資金はなくなってしまいます。

だから、買いで入ったときよりも、ロスカットが大切なのです。

ポイント

カラ売りの場合は損失額の上限がないので、早めにロスカットすることが大切。

すごコツ 66

ポジションを建てた根拠が消滅したらロスカットする

過去にロスカットについての質問を受けたことがありました。

目安について聞かれることが多かったです。

「株価が何パーセント逆行したらロスカットしますか」

「建てた額に対して何パーセントの含み損が出たらロスカットしますか」

何らかのパーセンテージで知りたいようです。

しかし私自身は「何らかのパーセンテージでロスカットのタイミングを決める」といった考えは持っていません。

ロスカットのタイミングは「入ったときの根拠が消滅したとき」です。

何かを根拠にしてポジションを持つ

←

根拠が消滅した

←

ポジションを持ちつづける根拠がない

←

ロスカットする

というわけです。

たとえば、「下降トレンド中の切り上げライン下抜け」を根拠にしてカラ売りのポジションを持ったとします。

この場合、株価が切り上げラインを上に抜けたら根拠が消滅してしまうので、ロスカットします。

このように、入ったときの根拠でロスカットのタイミングを決めましょう。

ポイント

ロスカットのタイミングは「入ったときの根拠が消滅したとき」。

すごコツ 67

反射的にロスカットする

小さな値幅を狙ったデイトレやスキャルピングでは、含み損が出たら素早くロスカットする必要があります。

私の場合も反射的にロスカットしています。

何も考えません。

株価が思惑とは逆に動いて「これはヤバい」と思ったら、身体が勝手に動き、決済の注文を出します。

これができるので、値動きが激しい銘柄でもトレードできます。

反射的なロスカットができるようになるには、練習が必要です。

私は「建値から2円下がったらロスカット（※買いの練習）」というトレードを何十回も繰り返しました。

本格的にデイトレやスキャルピングを行いたいなら、読者もそのような練習をすることをお勧めします。

ポイント

小さな値幅を狙ったデイトレやスキャルピングでは、素早くロスカットすることが必要。反射的なロスカットができるように練習を行う。

すごコツ 68

直近の高値を上抜けしたらロスカットする

ロスカットのタイミングは、１６４ページで述べた通り、「入ったときの根拠が消滅したとき」です。

しかし、「根拠が消滅したときというのがよくわからない」という方もいることでしょう。わからない方は「直近の高値を上抜けたとき」にロスカットしましょう。

日足チャートを使っている場合は日足での直近高値を、５分足チャートを使っている場合は５分足での直近高値を、１分足チャートを使っている場合は１分足での直近高値を目安にします。

直近の高値を上抜けしたということは、少なくとも短期的には上昇傾向になっていると考えられます。ロスカットしておいたほうがいいでしょう。

ポイント

直近の高値を上抜けしたら短期的には上昇傾向になっているので、ロスカットする。

すごコツ 69

押し安値を上に抜き返したらカラ売りのポジションを決済する

ダウ理論のトレンド定義では、押し安値を下抜けしたら上昇トレンドが終わります

すぐに下降トレンドになる、というわけではありません。上昇トレンドが終わるだけなので、下降トレンドになる場合もあれば、レンジになる場合もあります。再び上昇トレンドになる場合もあるわけです。

しかし、135ページで述べた通り、直近で大きく上昇した銘柄は、「押し安値」を下抜けしたら株価が下がりやすくなります。

それにもかかわらず、押し安値を下抜けした後に株価がそれほど下がらず、逆に押し安値を上抜けする場合は「上昇の勢いが強い」と考えられます。

株価がさらに上がっていくことが多いです。

そのため、押し安値を上抜けしたら、カラ売りのポジションを決済したほうがいいでしょう。全部を決済したくないのであれば、一部だけでもかまいません。

また、無理にカラ売りで狙うのではなく、買いで入ることも検討しましょう。

ポイント

押し安値を上に抜き返した場合「上昇の勢いが強い」と考えられるので、カラ売りのポジションを決済する。

すごコツ

70 材料が出て急騰した銘柄は下落後の切り返しに注意する

材料が出て急騰しても、その上昇がずっと続くわけではありません。いつかは上昇が止まります。ほとんどの場合、上昇が続くのは数日です。その後、高止まりするか、下落します。下落した場合、たいがいは日足ベースでの切り返しがあります。

あまりいい材料ではないのに、過剰に反応して急騰した場合でも、数日間、下落したら一旦は反発することが多いです。

いい材料であれば、数日間の下落後に反発して、高値を上抜いていくでしょう。

そのため、急騰した後に下落したからといってカラ売りを仕掛けると、すぐに反発して含み損が発生してしまいます。

できれば、反発を待ち、高値を更新しないことを確認してから仕掛けましょう。

ポイント

材料が出て急騰した銘柄は数日間、下落した後に反発することが多い。
反発を待ち、高値を更新しないことを確認してから
カラ売りを仕掛ける。

すごコツ 71

大きくギャップダウンした場合は寄り付きでカラ売りを仕掛けない

悪材料が出て、大きくギャップダウンして寄り付くことがあります。

決算期になると、よくあります。前日の大引け後に発表された決算の内容が悪く、当日は寄り付き前から売り注文が殺到し、大きくギャップダウンして寄り付く。

株価が下方向にいってるので、カラ売りで狙いたくなります。

しかし、このような場合は寄り付きでカラ売りを仕掛けないようにしています。

大きく反発することがあるからです。

売り注文が殺到したということは、短期的には売りたい人のほとんどが売った、と考えられます。その状況で、「安くなったから買いたい」「リバウンドで利益を狙いたい」と考える人の買い注文が入ってきます。そのため、寄り付いた直後は、一時的に売り注文よりも買い注文のほうが多くなりやすいのです。

また、大きくギャップダウンしたことで、カラ売りを仕掛けていた人たちは買い戻すことでしょう。

このような理由から反発しやすくなるので、寄り付きではカラ売りを仕掛けません。

寄り付いた後に株価が下がり、寄り付きで買った人がロスカットしそうな状況になれば、カラ売りを検討します。

ポイント

大きくギャップダウンした場合、寄り付いた直後は一時的に売り注文よりも買い注文のほうが多くなりやすいので、寄り付きでカラ売りを仕掛けない。

すごコツ

72 直近で急騰した銘柄は大引け間際に株価が急騰する可能性があるので注意する

137ページで「14時過ぎの急落」について述べました。

「直近で急騰した銘柄は14時過ぎに急落する可能性がある」という内容です。

これとは逆に、直近で急騰した銘柄は大引け間際に株価が急騰する可能性があるので、注意しましょう。

場合によっては、まとまった買い注文が入り、気配値になることもあります。カラ売りのポジションを持っているときにそうなれば、ロスカットができなくなり、想定していた以上の値幅でロスカットすることになります。

また、気配値のまま大引けになってしまうこともあります。

そうなると、当日に買い戻すことができません。

証券会社独自の信用取引で「1日信用（1日かぎりの信用取引）」を利用している場合、翌日に持ち越すと手数料を取られます。

また、持ち越したポジションは翌日の寄り付きに成り行きで決済されます。前日にカラ売りのポジションを決済できなかった人が一斉に決済してくるので、ギャップアップで寄り付く可能性が高いでしょう。当然、損失額も大きくなってしまいます。

そうならないためにも、直近で急騰した銘柄が大引け間際に強く上がったら、ポジションを減らしましょう。

ポイント

直近で急騰した銘柄が大引け間際に強く上がったら、ポジションを減らす。

すごコツ

73

直近2～5年間の高値を上抜けた銘柄はカラ売りをしない

好材料や好決算で株価が大きく上がっても、ほとんどの場合は数日や数週間で高値を付けて下落に転じることが多いです。

しかし、中には高値を更新しつづける銘柄もあります。

好材料や好決算が出て、直近2～5年間の高値を上抜けた銘柄は、なるべくカラ売りをしないようにしています。株価が数倍になることがあるからです。

直近2～5年間の高値を上抜けたかどうかは、週足チャートを使って調べています。月足チャートでもいいでしょう。

直近2～5年間の高値を上抜けた場合は、前に紹介した「ひと相場が終わった感（59ページで紹介）」があるまでカラ売りをしません。

ポイント

直近2〜5年間の高値を上抜けた場合は、「ひと相場が終わった感」があるまでカラ売りをしない。

すごコツ 74

仕手株はなるべくカラ売りをしない

仕手株はなるべくカラ売りをしないようにしましょう。

仕手株とは、「仕手筋」と呼ばれる特定の個人や集団が意図的に株価を吊り上げる銘柄のことです。

仕手筋の目的は、株価を高値に吊り上げて売り抜けることです。

この吊り上げている状況でカラ売りを仕掛けると、大きく踏み上げられてしまいます。大きな損失が出てしまうわけです。

そのため、仕手株はなるべくカラ売りをしないようにしましょう。

常に、どの銘柄が仕手株なのか、といった情報を入手しておくことが大切です。今の時代はSNSで簡単に仕手株の情報を手に入れることができます。

X（旧ツイッター）で検索して探す。または、仕手株の情報に強いXアカウントをフォローしておき、情報を得るようにしましょう。

ポイント

仕手株にカラ売りを仕掛けると、大きく踏み上げられてしまうことがある。
SNSで仕手株の情報を入手し、どの銘柄が仕手株なのかを常に把握しておく。

すごコツ 75

仕手筋のやり方を知っておく

最近も仕手株を安易にカラ売りして大きな損失を出したトレーダーがけっこういました。

SNSでも有名なトレーダーが仕掛けた銘柄です。

最近よくあるやり方は以下の通りです。

時価総額が比較的小さな銘柄が急騰と急落を繰り返す（※とくに材料が出ていない）

←

大物トレーダーがXで関与を示唆する

←

イナゴが集まってきて、株価がさらに大きく上がる

←

カラ売りしているトレーダーが締め上げられ、踏み上げで株価がさらに上がる

株価が急騰すると、カラ売りで利益を狙うトレーダーが増えます。とくに、株価が上がる材料が出ていない銘柄は「すぐに下がるだろう」と思って、カラ売りを狙うトレーダーがかなり増えます。実際、すぐに株価が下がってしまう銘柄も多いです。

しかし、わずかですが、仕手株が混ざっているわけです。

カラ売りが増えたところで、大物トレーダーがXで関与を示唆します。

それを見たトレーダーがイナゴとして買ってきます。当然、株価がさらに大きく上がるわけです。

もう1つ、同じようなやり方を紹介します。

時価総額が比較的小さな銘柄が急騰と急落を繰り返す

↓

ザラ場で突然、大きな買い注文が入り、「買い気配」になる

↓

大物トレーダーがXで関与を示唆する

↓

イナゴが集まってきて、株価がさらに大きく上がる

↓

カラ売りしているトレーダーが締め上げられ、踏み上げで株価がさらに上がる

買い気配になると、カラ売りのポジションは決済したくてもできません。そのまま大引けになります。

翌日も「カラ売りの買い戻しによる買い注文」と「イナゴの買い注文（大量）」が入って、買い気配で始まる可能性が高くなります。

それでも寄り付けば、カラ売りは決済できるのですが、ストップ高にはり付いてしまうと決済できません。これで、数日間もストップ高が続くこともあります。

当然、カラ売りのポジションを持っていれば、大きな損失が出ます。

実際、退場したり、証券会社に借金ができてしまった人がいるようです。

こうならないためにも、仕手筋のやり方を知っておき、仕手株にはカラ売りを仕掛けないようにしましょう。

ポイント

仕手筋のやり方を知っておき、
仕手株には安易にカラ売りを仕掛けないようにする。

第7章

スキルアップ編

すごコツ

76 トレードノートをつける

トレードで継続して稼げるようになりたいのであれば、それなりに努力が必要です。面倒なこともしなければなりません。

まずは、ノートをつけましょう。トレードノートです。

ノートに書き込むのは「気付いたこと」です。気付いたことをどんどん書き込んでいきましょう。

できれば、トレード中に気付いたことがあれば、すぐにメモしておきましょう。そして、トレードが終わった後に、そのメモを見ながら状況を思い出し、ノートにまとめていきます。

もちろん、ノートに書き込むだけではトレードは上達しません。

気付いたことを今後のトレードにどう活かすか、を考えて、またノートに書き込みます。

私自身、こういったことがきっかけで、勝てる手法ができたこともありました。

また、ノートには「自分へのメッセージ」も書き込みましょう。

たとえば、

「今後はやたらとナンピンしないこと！」

「トレード・ルールを守ること！」

「デイトレで稼げるようになるまで諦めない！」

というように、自分に対して投げかけたい言葉をどんどん書き込みましょう。

ポイント

ノートには、トレードで気付いたことをどんどん書き込む。

自分へのメッセージも書き込む。

すごコツ 77

売買したところをチャート上に印を付けて確認する

自分の売買を振り返るということも大切です。

「勝ちトレードを振り返って、同じような勝ちを再現できるようにする」

「負けトレードを振り返って、同じような負けをしないようにする」

こういったことをやっていけば、少しずつトレードが上達していきます。

まず、最初に以下のことをしてみましょう。

「上位足チャートで売買したところに印を付けて確認する」

カラ売りを仕掛けたところと買い戻したところに印を付けます。

5分足チャートを使ってトレードしているのであれば、日足チャートに印を付けて確認します。日足チャートを使ってトレードしているのであれば、週足チャートに印を付けて確認します。

トレードしているときは「いいところで入った」と思っていても、後から上位足チャートを見て振り返ると「よくないところで入っていた」ということがよくあります。
これをすれば、何か気付きがあると思います。チャートを使っていない人も、一度、チャート上でカラ売りを仕掛けたところと買い戻したところに印を付けてみましょう。

ポイント

上位足チャートで売買したところに印を付けて確認する。

すごコツ 78

チャートの画像を保存して気付いたことを書き込む

チャートを使ってトレードしているのであれば、チャートの画像を保存しましょう。

自分がトレードした銘柄のチャート
値動きが大きかった銘柄のチャート
材料が出た銘柄のチャート

これらを画像にして保存しておきます。

もちろん、画像を保存するだけではトレードは上達しません。繰り返し見ましょう。何度も何度も繰り返し見てください。

私はデイトレで継続して稼げるようになる前、チャートをプリントアウトし、時間があれば見ていました。外出するときも数枚ほど持っていき、電車での移動中や待ち合わせ場所で待っているときなどに見ていました。

チャートを見ているとき、気付いたことがあれば、チャート画像のローソク足がない部分に書き込んでいきましょう。

私も、どんどん書き込んでいます。何か気付いてもすぐに忘れてしまうことが多いからです。

私の経験からですが、ただ見るよりも、何か書き込んだほうが上達は早いです。面倒でもどんどん書き込みましょう。

書き込んだことを後になって読み返すと「的外れな内容」ということもよくありますが、「そのとき（書き込んだとき）に気付いたこと」「そのときに思ったこと」「そのときに感じたこと」がとても大切です。だから、気にせず、どんどん書き込みましょう。

ポイント

「自分がトレードした銘柄のチャート」「値動きが大きかった銘柄のチャート」「材料が出た銘柄のチャート」などを画像にして保存する。
チャートを見ているときに何か気付いたことがあれば、画像に書き込む。

すごコツ

79 「仮説⇓検証」を繰り返す

何かしらの仮説を立てて、それを検証することで勝てるようになった、というトレーダーの方も多いようです。

仮説⇓検証によって、勝てる方法を見つけたわけです。

たとえば、「こういう状況になれば株価が下がるのでは?」「こういう状況になれば株価が上がるのでは?」という仮説を立てて、それを検証します。検証の結果がよくてトータルでの収支がプラスになるようであれば、今度はそれを手法にします。

私もこの方法で勝てる手法をいくつか作ることができました。また、FXのデイトレでは「仮説⇓検証」で勝てるようになりました。

「仮説⇓検証」の9割は何も成果が得られないと思います。トータルで収支がプラスになるような方法が見つからないということです。

でも、1つでも見つかればいいわけです。

必ず見つけられるというわけではありませんが、見つけられれば大きな利益を得られるので、チャレンジしてみる価値はあると思います。

ポイント

「こういう状況になれば株価が下がるのでは？」という仮説を立てて、それを検証する。検証の結果がよくてトータルでの収支がプラスになるようであれば、それを手法にする。

すごコツ 80

ノートに「トレードで稼げるようになりたい」と書き込む

ノートや紙に自分の夢を書くと、その夢が叶う。

一度は、このような言葉を読んだり、聞いたりしたことがあると思います。ビジネス本や自己啓発本に書かれていることがありますし、ネットでも何度か見たことがあります。

実際、どう思いますか？

「ノートに書き込んで夢が叶う……そんなことはあり得ない」と思っている方が多いことでしょう。

では、実際のところどうなのか？

ノートや紙に夢を書いても、叶うとはかぎりません。

しかし、効果はあると思います。書き込むことによって、叶う確率は高くなるはずです。

実際、私がそうでした。

私はトレードで稼げるようになる前、ノートに

「デイトレで稼げるようになりたい」

といったことをよく書き込んでいました。

ノートに自分の夢を書くなんて少し恥ずかしいのですが、「デイトレで稼げるようになりたい」という一心から「できることはなんでもやってみよう」と思い、書き込んでいました。

そして、実際にトレードで稼げるようになったわけです。それも、書き込むようになってからすぐに稼げるようになりました。ノートに書き込んだ効果だと思っています。

なぜ、ノートに書き込むと効果があるのか?

私なりに考えてみました。

おそらく、「(自分の夢に対する)意識が強くなるから」だと思います。「(自分の夢を)意識する時間が長くなるから」と考えてもよいでしょう。

ノートに「デイトレで稼げるようになりたい」と書き込むようになってから、トレード中に「どうすれば、デイトレで稼げるようになるのか?」ということを常に考えるようになりました。

ノートに書き込む前は、

「何かいい銘柄ないかな?」

「勝った」

「負けた」

といったことくらいしか考えていませんでした。

しかし、ノートに書き込むようになってからは、意識が変わりました。古い表現ですが、「常にアンテナを張っていた」というわけです。

そして、あるトレードで勝てたときに、「なんだ、こうすれば勝てるじゃん」といった気づきがありました。それまでにも何度か同じようなトレードはあったのですが、そのときは何も気づきませんでした。

しかし、このときは気づきました。常にアンテナを張っていたため、小さなことも見逃さなかったからだと思います。

ノートに夢を書き込む

←

自分の夢に対する意識が強くなる

←

（自分の夢を）意識する時間が長くなる

←

（自分の夢を叶えられるように）常にアンテナを張る

アンテナを張ることで「小さなきっかけ」も見逃さない
↓
夢が叶う確率が高くなる

こういった流れだと思います。

トレードで継続して稼げない方は、ノートに書き込まなくても、常に「トレードで稼げるようになりたい」という意識を持っていたほうがいいでしょう。

そうすれば、「小さなきっかけ」も見逃さないと思います。

ポイント

ノートに「トレードで稼げるようになりたい」と書き込むと、トレードに対する意識が強くなり、稼げるようになる確率が高くなる。

〈著者略歴〉　二階堂 重人（にかいどう・しげと）

専業トレーダー。テクニカル分析を駆使したデイトレードやスイングトレードが中心。株、FXの双方で月間ベースでは8割以上という驚異の勝率を叩き出し、波乱の相場環境でも着実に利益を重ねている。

著書は50冊以上、累計102万部。

主な著書に、『株は順張り‼　勝率8割以上の常勝トレーダーになる！』(standards)、『一晩寝かせてしっかり儲けるオーバーナイト投資術』(東洋経済新報社)、『最新版 これから始める株デイトレード』『株トレード 1億円を目指すチャートパターン』(日本文芸社)、『株ブレイクトレード投資術 初心者でも1億円！ 相場に乗って一財産築く、大勝ちの法則』(徳間書店)、『世界一わかりやすい！ FXチャート実践帳 スキャルピング編』『世界一わかりやすい！ FXチャート実践帳 トレンドライン編』『世界一わかりやすい！ FXチャート実践帳 スイングトレード編』(あさ出版)、『株 デイトレードのすごコツ80』『FX デイトレードのすごコツ80』『最新版 株デイトレードで毎日を給料日にする！』『FX 環境認識トレードで毎日を給料日にする！』『株トレード カラ売りのルール』『株 デイトレードレッスン』『FXトレードレッスン【厳選35問】』『FX 常勝のトレードテクニック』『FX 常勝の平均足トレード』『FX常勝の平均足ブレイクトレード』『ビットコインのデイトレード 儲けのルール』(すばる舎)などがある。

【公式サイト】https:// 二階堂重人 .com
【ツイッター】@shigeto_nikaido

※投資は自己責任です。本書は資産運用に役立つ情報を提供する目的で編纂されていますが、実際の意思決定はご自身の責任において行ってくださいますようお願いいたします。本書の情報を参考に投資した結果、損失等が発生した場合であっても、著者、出版社、その他関係者は一切の責任を負いません。

編集 ―野口英明
DTP 制作 ―加藤茂樹

株トレード カラ売りのすごコツ80

2023 年 12 月 25 日　第 1 刷発行

著　者―――二階堂 重人
発行者―――徳留 慶太郎
発行所―――株式会社すばる舎
〒 170-0013　東京都豊島区東池袋 3-9-7 東池袋織本ビル
TEL　03-3981-8651（代表）　03-3981-0767（営業部）
FAX　03-3981-8638
URL　https://www.subarusya.jp/
装　丁―――菊池 祐（ライラック）
印　刷―――株式会社光邦

落丁・乱丁本はお取り替えいたします

ISBN978-4-7991-1182-6

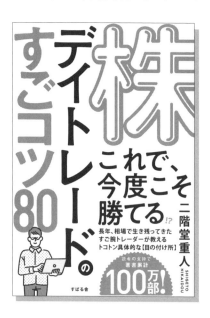